LE SENS DE LA TECH

TOME 2

LE SENS DE LA TECH

TOME 2

Dialogues entre penseurs et dirigeants

Ouvrage dirigé
par Anne-Sophie Moreau

PHILOSOPHIE MAGAZINE ÉDITEUR

Éditrice : Julie Davidoux
Directrice d'ouvrage : Anne-Sophie Moreau
Rédaction : Alexandre Jadin
Couverture : William Londiche
Conception graphique – PAO : Nord Compo

10, rue Ballu – 75009 Paris
www.philomag.com
contact@philomag.com
ISBN : 978-2-487699-06-9
Diffusion distribution : Harmonia Mundi Livre

Sommaire

Préface

En quoi la technologie bouleverse-t-elle nos vies ? C'est la question que nous nous étions posée dans le premier tome du *Sens de la tech*. Parmi les nombreux sujets que nous abordions figuraient ceux-ci : comment inventer la mobilité de demain ? Le télétravail aura-t-il raison du collectif ? La tech est-elle capable de s'ouvrir à la diversité ? Que devient la créativité dans un monde ultraoptimisé ? Pour répondre à ces questions épineuses, nous avions réuni un panel de grands penseurs et de hauts dirigeants qui se sont prêtés au jeu du dialogue. Le but ? Croiser des mondes *a priori* éloignés l'un de l'autre – celui de la philosophie, celui de l'entreprise – afin de nourrir un débat lucide et informé sur les innovations en cours.

Vingt-quatre mois après, le monde a – encore – changé. Et avec quelle vitesse !

Plus que jamais, le développement technologique semble entraîner une accélération du temps vécu qui exige que l'on s'arrête à nouveau sur les bouleversements en cours. Dans tous les domaines, les innovations s'enchaînent, et nous en ressentons chaque jour les effets, plus ou moins consciemment. C'est pourquoi nous avons jugé utile de réitérer l'exercice et de réunir, une fois de plus, les univers de la pensée et de l'action pour éclairer les grandes et petites révolutions qui s'opèrent. En préparant ce second tome, j'ai été amenée à me poser des questions aussi triviales qu'existentielles : en quoi la technologie modifie-t-elle notre vision du voyage et du lointain ? Que devient le libre choix du consommateur dans un monde où tout semble disponible en un clic ? Sommes-nous tous égaux face à la disruption technologique ? Comment retrouver un juste rapport au temps dans nos vies connectées ? L'occasion de constater à quel point des outils qui nous semblent neutres forment le lit de nos existences : du matin au soir, nous nous coulons dans la technologie sans toujours mesurer combien elle nous sculpte et définit notre lien au monde extérieur.

À titre personnel, deux sujets m'ont particulièrement intéressée parmi les nombreux thèmes abordés dans cet ouvrage : l'irruption de l'IA et la crise écologique.

Sur cette seule période, le monde a dépassé la limite de 1,5 °C de réchauffement fixée par l'accord de Paris. L'usage de l'intelligence artificielle s'est répandu dans de nombreux domaines, venant chambouler l'univers de l'enseignement, percuter les habitudes de travail, tout en offrant des perspectives enthousiasmantes pour la recherche. Pas étonnant que ces deux thèmes se soient imposés naturellement dans les échanges que vous trouverez dans ce livre. Deux glissements profonds, deux lames de fond qui, lorsqu'on y regarde de plus près, présentent un certain nombre de points communs. Le changement climatique et l'IA ont pour particularité d'engager d'innombrables paramètres. Une complexité intrinsèque qui rend mystérieux leur fonctionnement – alors même que leur langage est simple. ChatGPT est rapide comme l'éclair, limpide comme de l'eau de roche, son savoir vaste comme le monde. Les termes qu'il emploie semblent intelligibles, comme ceux que prononcent les météorologues lorsqu'ils annoncent le temps qu'il fait : le ciel est bleu, l'orage approche, la mer monte. Impossible pourtant de s'imaginer l'extrême complexité des calculs qui sous-tendent ces prévisions, de même que l'interprétation précise des variations de la pression atmosphérique demeure inaccessible au commun des mortels. Autre caractéristique : l'IA comme le changement climatique viennent bouleverser de façon systémique la manière dont nous nous rapportons à ce qui nous entoure, dont nous habitons le monde. L'une nous invite à questionner notre conception du savoir et de la vérité, voire à nous interroger sur ce qui fait notre spécificité en tant qu'êtres humains. L'autre nous place dans une situation inédite et vertigineuse : celle d'une espèce qui contribue à détruire les conditions du vivant sur Terre – vivant dont elle fait partie. Dans les deux cas, nous redoutons de perdre le contrôle : d'une IA dont nous ne comprenons plus les modes de calcul, d'un climat dont nous avons déréglé les rouages sans avoir la science d'un horloger. Nous ne serions plus « maîtres et possesseurs » de la nature, ni de la machine, s'inquiètent certains.

Si la suspicion est de mise face à l'IA, rappelons-nous de celle que suscitait, il y a des milliers d'années… l'écriture. Dans un dialogue intitulé *Phèdre*, Platon exprime sa méfiance envers les livres. Selon lui, ces pense-bêtes que sont les discours écrits menacent notre mémoire, que nous cessons d'entraîner dès lors que nous savons que nous pouvons prendre des notes. Mais il a autre chose à leur reprocher : pour Platon, les phrases consignées dans des ouvrages sont inertes, comme mortes – contrairement à la véritable pensée, qui se doit d'être vivante, en acte. « L'écriture a, tout comme la peinture, un grave inconvénient », fait-il dire à son maître Socrate. « Les œuvres picturales paraissent comme vivantes ; mais, si tu les interroges, elles gardent un vénérable silence. Il en est de même des discours écrits. Tu croirais certes qu'ils parlent comme des personnes sensées ; mais, si tu veux leur demander de t'expliquer ce qu'ils disent, ils te répondent toujours la même chose. Une fois écrit, tout discours roule de tous côtés ; il tombe aussi bien chez ceux qui le comprennent que chez ceux pour lesquels il est sans intérêt ; il ne sait point à qui il faut parler, ni avec qui il est bon de se taire. S'il se voit méprisé ou injustement injurié, il a toujours besoin du secours de son père, car il n'est pas capable de se défendre ni de se secourir par lui-même. » Peut-être avez-vous déjà ressenti ce que dénonçait Platon en lisant un texte : l'impossibilité de dialoguer avec l'auteur d'un discours, celui-ci, fût-il bien tourné, vous a laissé avec l'impression vague mais tenace d'avoir été soit floué, soit insuffisamment convaincu par ses arguments. Avec ChatGPT, nous faisons l'expérience inverse : pour la première fois, il est possible d'interroger le producteur d'une parole écrite. D'exiger de lui, à coups de *prompts* solidement ficelés, de justifier son raisonnement, d'adapter son discours à une demande plus précise ou de revoir entièrement sa copie. D'ailleurs, à chaque seconde, l'outil s'adapte, s'enrichit de nouvelles données – d'où l'intérêt d'être en dialogue avec lui. Platon aurait-il apprécié l'IA ? Sans nul doute, le philosophe lui aurait trouvé de nombreux inconvénients. Mais il n'aurait pas pu lui reprocher d'être une parole morte ! Et si on accueillait avec bienveillance ce discours tel qu'il est : inachevé par essence… mais vivant ?

Reste à apprendre à dialoguer avec notre environnement. Ces derniers temps, ses accès de colère se font de plus en plus manifestes : incendies, ouragans… Gaïa semble prendre sa revanche, pour reprendre une expression du climatologue James Lovelock, et demeurer sourde à nos suppliques. Pour autant, il n'est pas de volonté derrière ces phénomènes : la planète n'a pas d'objectif, pas plus qu'une IA n'a de conscience. Ses frasques ne sont que des conséquences de *notre* action, de même que ChatGPT énonce des propos moulinés à partir de *nos* discours. Face à l'IA comme à la crise écologique, nous demeurons pleinement responsables de nos actes. Les données sur les gaz à effet de serre sont implacables, mais les moyens de les réduire existent. Les errements de l'IA sont connus, et il est possible de les juguler en travaillant à des modèles plus précis, puisant dans des ensembles de données fiables et vérifiées – sans parler de la nécessité de prendre en compte l'impact écologique de cette technologie qui, si elle peut améliorer le traitement des données climatiques, demeure terriblement gourmande en énergie. À nous, en somme, de prendre le taureau par les cornes, qu'il soit numérique ou écologique ! Encore faut-il que nous soyons capables de nous montrer à la hauteur des enjeux, dans un monde où tout nous pousse à nous replier sur nous-mêmes et à protéger nos intérêts dans un contexte pour le moins hostile. Plus que jamais, les politiques de transition énergétique comme les développements de l'IA sont soumis à des tensions géopolitiques. L'innovation technologique, qui fut longtemps l'apanage des entreprises, redevient un enjeu pour la puissance publique. On parle de souverainetés numérique, énergétique… sans pour autant savoir exactement ce que recouvrent ces formules ambitieuses. Quel est le rôle des entreprises privées dans ce monde où le doux commerce n'a plus cours ? Comment repenser l'éthique d'innovations destinées à la fois à satisfaire les besoins du grand public et à fournir des solutions globales à des problèmes colossaux ? Et comment imaginer le quotidien qui sera le nôtre dans une société à la fois biberonnée à l'IA et soumise à des mesures de transition écologique ? Le tome 1 du *Sens de la tech* avait été initié à la suite d'une rencontre avec Olivier Girard, président d'Accenture France. Cette année encore, Accenture nous a accompagnés dans la réflexion ayant abouti à ce deuxième tome. Une fois de plus, cet ouvrage réunit décideurs et penseurs pour analyser les bouleversements en cours et anticiper ceux à venir. Le résultat ? Des dialogues vifs, profonds, parfois surprenants – tout l'inverse d'un rapport écrit par ChatGPT. Voici la liste des échanges que vous trouverez dans ce livre :

— Dans un dialogue introductif, Étienne Klein, philosophe des sciences, s'interroge sur la portée des derniers bouleversements technologiques – et notamment de l'IA – avec Olivier Girard, président d'Accenture France. Quelles seront les conséquences de son irruption dans le marché du travail ? Comment préserver la singularité de l'humain et cultiver notre esprit critique dans cet océan d'informations ? Et comment penser le progrès dans un monde jugé hostile ?

— Dominique Bourg, philosophe, et Jean-Pascal Tricoire, président du conseil d'administration de Schneider Electric, se confrontent à la question de la transition écologique. Par quoi pouvons-nous remplacer les énergies fossiles ? Une société du tout électrique est-elle forcément écologique ? Serons-nous capables de sauver la biodiversité ?

— Laurence Devillairs, philosophe, et Augustin de Romanet, PDG d'Aéroports de Paris jusqu'en février 2025, échangent sur la manière dont la technologie a bouleversé notre rapport au voyage, mais aussi sur l'impact carbone des voyages en avion. La crise écologique aura-t-elle raison de nos désirs d'ailleurs ?

— Mazarine M. Pingeot, philosophe, et Enrique Martinez, PDG de Fnac-Darty, s'interrogent sur notre besoin de consommer, nourri par la technologie. Sommes-nous véritablement incapables de vivre avec moins ? Faut-il responsabiliser les consommateurs ou réguler le commerce ?

— Raphaël Enthoven, philosophe, et Anne Bouverot, envoyée spéciale du sommet sur l'IA, débattent des réelles compétences de l'IA. Est-elle capable de nous remplacer dans tous les domaines ? Peut-elle faire preuve de créativité ? Et comment la réguler dans un monde où la souveraineté devient un enjeu crucial ?

— Pierre-Michel Menger, sociologue, et Florent Menegaux, directeur général de Michelin, dialoguent sur l'impact social de la technologie. Quel est l'impact des disruptions technologiques sur le marché du travail ? Peut-on former les gens à maîtriser l'arrivée de nouveaux outils et notamment de l'IA ? Notre système éducatif est-il à la hauteur face à ces enjeux ?

— Francis Wolff, philosophe, et Bruno Angles, ex-directeur général d'AG2R La Mondiale, s'interrogent sur le lien entre temps et technologie. Vivons-nous une accélération du temps vécu ? Le télétravail et le travail synchrone vont-ils mettre fin à la notion de collectif ? Enfin sommes-nous égaux face à ces bouleversements ?

— Pierre Charbonnier, philosophe, et Chantal Jouanno, directrice exécutive, spécialiste de la transition écologique chez Accenture, échangent sur la difficulté de concilier innovation, écologie et démocratie. Pourquoi certaines technologies font-elles l'objet d'un rejet de la part des citoyens ? Quels seront les perdants de la transition écologique ? Et comment prendre en compte les tensions géopolitiques pour proposer des solutions réalistes en matière d'environnement ?

Bonne lecture,
Anne-Sophie Moreau

« Avec l'IA, nous sommes face
à un nouveau paradigme de l'efficacité,
qui impose de revoir totalement
l'organisation du travail »

Olivier Girard

« Les bouleversements
que connaît aujourd'hui un humain
en l'espace d'une vie n'ont jamais été
aussi nombreux ni aussi amples »

Étienne Klein

***Olivier Girard** est le directeur d'Accenture Operations Europe et Moyen-Orient. Il est également le président d'Accenture France et membre de l'European Management Committee. Il siège au sein de l'International Advisory Board de l'Essec.*

Physicien et philosophe des sciences, ***Étienne Klein*** *dirige le Laboratoire des recherches sur les sciences de la matière (Larsim) du Commissariat à l'énergie atomique (CEA). Il a récemment publié* L'Éternité béante *(Futuropolis, 2024) et* Transports physiques *(Gallimard, 2025).*

Affûter nos esprits face à la tech et l'IA

Olivier Girard et Étienne Klein

Quelle technologie a le plus bouleversé notre rapport au monde ces dernières années ? Sans conteste, c'est l'IA, qui menace de détruire des emplois… voire de remplacer l'homme. Faut-il en avoir peur ? Quelles seront les conséquences de son irruption dans le marché du travail ? Pour en discuter, nous avons réuni Étienne Klein, philosophe des sciences et penseur du progrès, et Olivier Girard, président d'Accenture France. Dans un dialogue à bâtons rompus, ils déconstruisent les mythes et croyances autour de l'IA, tout en soulignant la nécessité d'encadrer son développement, de cultiver notre esprit critique face au déferlement des *deepfakes* – mais aussi l'urgence de redéfinir notre notion du progrès.

Quelle est selon vous la rupture technologique la plus marquante de ces dernières années ?

Olivier Girard : C'est sans aucun doute l'intelligence artificielle (IA), et plus particulièrement la place qu'elle a prise, en quelques années à peine, dans nos vies quotidiennes et dans l'économie. L'IA est une véritable rupture technologique qui, à l'inverse des ruptures précédentes comme l'électricité ou même le moteur à combustion, donne des résultats concrets très rapidement. On peut parler de bouleversements profonds d'un point de vue sociétal.

Étienne Klein : Je suis frappé par le constat que des machines « asémantiques », qui ne comprennent pas le sens des mots, qui ne savent d'ailleurs même pas ce qu'est un mot, parviennent à produire des phrases qui, pour nous, ont du sens. Par ailleurs, on voit se développer ce qu'on appelle l'« effet Eliza », c'est-à-dire le fait que, lorsqu'on est en interaction avec une machine, on éprouve le même type d'émotions que si on était en interaction avec un humain.

Pourquoi tant de gens ont-ils peur de l'IA ?

O. G. : Le procès que l'on fait aux IA vient de notre anthropomorphisme. On projette une humanité dans ce qui n'en est pas pourvu. Le terme « intelligence artificielle » est, je crois, révélateur. En réalité, ChatGPT ou n'importe quel autre modèle d'IA conversationnel ne fait que prédire le prochain mot qui suit le précédent…

E. K. : Pas le « mot », le *token*, c'est-à-dire le groupe de caractères qui a la plus grande probabilité de suivre le précédent. En général, un *token* contient moins de caractères qu'un mot !

O. G. : Oui, techniquement. C'est un algorithme. ChatGPT n'a pas de conscience et ne réfléchit pas. Pourtant, lorsqu'on lui fait remarquer qu'il se trompe, il s'excuse. Cela lui confère une « humanité » incroyable ! On peut aussi questionner la manière dont on échange avec ces agents conversationnels. Certains disent « bonjour », « merci »… tandis que d'autres ne s'embarrassent pas vraiment des formes dans leurs interactions.

E. K. : L'expression « intelligence artificielle » a été inventée par John McCarthy en 1956, lors d'un séminaire sur la cybernétique à Dartmouth College, aux États-Unis. Il voulait ainsi désigner « un champ de recherche visant à décrire le fonctionnement des différents aspects de l'apprentissage de manière suffisamment précise pour qu'ils puissent être *simulés* par des machines ». Or le mot *intelligence* en anglais n'a pas le même sens qu'en français. En anglais, il désigne exclusivement la gestion de données et le traitement d'informations. En français, l'intelligence implique aussi l'esprit critique, le discernement, la capacité à distinguer le vrai du faux, à argumenter… ce que l'IA ne possède pas.

Imiter l'intelligence, ce n'est pas être intelligent, mais seulement paraître intelligent. Par ailleurs, je ne crois pas que le mot « artificiel » soit bien choisi. Yuval Noah Harari, dans son essai *Nexus*[1], propose de parler d'« intelligence autre ». Parce que ce n'est pas une intelligence qui fait directement concurrence à la nôtre.

L'IA n'est-elle qu'une innovation de plus ou change-t-elle véritablement la donne ?

O. G. : Pour les entreprises, l'IA transforme certains métiers où la technologie informatique est déjà très présente. Je pense en particulier aux métiers du support et plus largement de la relation client en général. L'IA peut permettre un premier niveau de prise en charge par exemple,

1. Yuval Noah Harari, *Nexus. Une brève histoire des réseaux d'information, de l'âge de pierre à l'IA*, Albin Michel, 2024.

permettant à l'humain de se concentrer sur les tâches les plus complexes. Mais elle est surtout une aide précieuse à l'humain, qui vient en complémentarité. Dans le domaine de l'assurance par exemple, l'IA va permettre de mettre très rapidement à disposition du conseiller les informations sur le client comme son historique, son contrat, sa couverture, et de traiter une multitude de documents juridiques ou contractuels, en un temps record et en langage naturel. Cela permet au conseiller de se concentrer sur la relation client. L'IA est un ajout, une aide au travail humain. Et cela fait toute la différence dans la prise en charge.

Les métiers de la gestion sont également un autre exemple frappant de cette rapide intégration de l'IA, y compris au plus haut niveau de décision. L'IA, grâce à sa capacité à traiter un grand nombre de données, à agréger de nombreuses sources et à bâtir différents scenarii, vient aider à la prise de décision, y compris sur des orientations stratégiques de l'entreprise. Bien entendu, la décision finale est humaine, mais elle s'appuie sur un travail en partie réalisé par l'IA, qui permet de l'effectuer bien plus rapidement ou bien plus finement qu'auparavant.

Au-delà des métiers, ce sont des secteurs entiers qui se réinventent. Dans le domaine pharmaceutique, l'IA révolutionne la R&D, en divisant le temps de fabrication d'un médicament par deux ou par trois. Comment ? En effectuant par exemple de nombreux calculs sur la possibilité de combiner des molécules entre elles, et sur les effets potentiels que cela pourrait avoir. Tout en affinant les résultats en fonction de la typologie de patients ! La vitesse, les résultats, les nouveaux champs : tout cela est très sincèrement passionnant.

Avec ces quelques exemples – et il y en aurait des centaines d'autres que l'on pourrait citer –, on voit bien l'impact qu'a l'IA sur les entreprises, sur leur manière d'opérer. Et donc sur les humains qui les composent. Nous sommes face à ce que j'appelle un « nouveau paradigme de l'efficacité » qui impose de revoir totalement l'organisation du travail bien plus profondément que ce que la technologie ne permettait jusqu'à maintenant. Ordinairement, la technologie c'est, disons, de la transaction, du calcul, de la mécanisation des choses. Là, on est face à quelque chose de radicalement nouveau. Or, non seulement les entreprises ont vu tout de suite comment elles pourraient s'en emparer, mais les utilisateurs de base, que nous sommes tous, aussi.

L'arrivée de l'IA va-t-elle entraîner la suppression de nombreux emplois ?

O. G. : À chaque révolution technologique de grande ampleur, il y a un moment de sidération où l'on se dit que la machine va remplacer l'homme. Cela s'est vu avec les premiers ordinateurs en informatique, avec les premières vagues d'Internet. Et cela s'était déjà vu avec les machines à tisser au début du XIXe siècle ! Une innovation de rupture provoque bien sûr des bouleversements profonds sur l'emploi et l'économie, même si cela n'est pas forcément visible tout de suite. Or à chaque fois, la technologie apporte « autre chose » : de la productivité et de l'emploi par exemple, dans une logique de « destruction créatrice », pour reprendre l'expression de l'économiste Joseph Schumpeter.

Il y a un an, chez Accenture, nous avons mené une étude dans laquelle nous avons analysé dix-neuf mille tâches sous l'angle du langage et de la connaissance nécessaires pour les exécuter. Et nous avons examiné comment l'IA générative allait impacter leur exécution. Notre conclusion ? L'IA a un impact sur 40 % des heures de travail. C'est considérable. Il s'agit donc d'une disruption technologique massive. Quand on creuse la composition de ces 40 % d'heures de travail, on observe qu'elles se divisent en deux catégories. La première correspond aux tâches qui sont automatisées et donc remplaçables, qui sont vouées à disparaître parce que la machine les exécutera à notre place. Mais il y a aussi la catégorie des heures qu'on appelle « augmentées » : là, l'homme et la machine font quelque chose de plus profond. Ils repoussent les limites. L'exemple de la reconstruction de Notre-Dame de Paris, où l'IA a permis de gagner des mois sur certains chantiers complexes, est, je trouve, révélateur. En actualisant cette étude, nous nous sommes rendu compte que la partie « augmentée » était plus importante que la partie « productivité ». Le plus souvent, l'IA vient « en plus », en complément du travail tel qu'on le connaissait. Je pense qu'elle va apporter des choses nouvelles qu'il nous est encore impossible d'envisager, et pas seulement une ultramécanisation du monde du travail.

L'innovation technologique est-elle synonyme de progrès ?

O. G. : Il y a un paradoxe autour des nouvelles technologies. Elles fascinent, bien sûr, mais elles alimentent aussi une certaine angoisse sur la manière dont nous allons nous en servir. On le constate au quotidien : les deux réactions coexistent. Ce n'est pas entièrement négatif. Cela est dû, je pense, au fait que l'on raconte très mal ces avancées : il n'y a plus de récits de ce que la science ou le progrès technologique peuvent amener dans cette « histoire en train de se faire ».

E. K. : Lors d'une enquête réalisée avec le sociologue Gérald Bronner, nous avons remarqué que le terme « progrès » avait disparu des discours publics institutionnels et politiques. Ce mot s'était écrit pendant trois siècles avec une majuscule. Il l'a perdue après la Seconde Guerre mondiale et a commencé à décliner en fréquence en 1980, à l'époque où réapparaît dans la langue un terme très ancien qui avait été abandonné, celui d'« innovation ». Auparavant, on parlait d'inventions, de brevets, d'applications, mais pas d'innovations. Le croisement des courbes de l'emploi du terme « progrès », qui descend, et de l'« innovation », qui monte, se fait en 2003. Le mot « progrès » a ensuite été complètement liquidé durant le quinquennat 2007-2012.

Pour certains, « innovation », « progrès », c'est la même chose. Mais notre façon de parler de l'innovation ne rend pas tout à fait justice à l'idée de progrès, définie par Kant dans *Qu'est-ce que les Lumières ?*. Croire au progrès, c'est accepter de sacrifier son présent personnel au nom d'une certaine idée du futur collectif. L'innovation, elle, apparaît en bas latin au XIVe siècle dans le vocabulaire juridique. Une innovation, c'est un avenant à un contrat. Autrement dit, c'est un principe de conservation : on fait le nécessaire pour que le contrat demeure valide. On retrouve ensuite le mot chez Machiavel : le prince ne doit pas innover politiquement, sauf si son pouvoir est menacé.

C'est Francis Bacon qui, le premier, associe le mot à la technique, dans un livre publié en 1632, *Essais ou conseils civils et moraux*, qui comprend un chapitre intitulé

« L'innovation ». Il dit que le temps qui passe augmente la gravité des problèmes. Pour maintenir le monde, empêcher qu'il se défasse, il faut innover techniquement. Pas trop vite, sinon l'innovation est perçue comme étrangère par la population. Pas trop lentement, sinon les dégâts produits par le temps qui passe deviennent irréparables. Aujourd'hui, nous parlons de l'innovation comme Francis Bacon : elle se justifie à partir de l'état critique du présent et non parce qu'on vise tel ou tel but. Le message, c'est : « Si on n'innove pas, on est fichus. » Cette rhétorique est assez mortifère.

O. G. : Clairement, l'innovation n'est pas le bon mot. Il faudrait parler bien plus positivement de ce que la science peut apporter. Aujourd'hui, notre rapport au temps change et cela n'aide pas. La technologie amène le temps réel, partout. C'est quelque chose qui n'existait pas avant, dans notre génération, celle dite des « boomers ». On avait un rapport au temps qui était complètement différent de celui d'aujourd'hui. On vivait à l'échelle d'une génération, de la semaine, du mois, des années. Or comme on n'a plus ce rapport au temps, on n'a plus d'horizon, on est en permanence dans le présent. On est sans cesse ramené dans l'instant, dans la crise – et cela bouleverse la façon dont on regarde la réalité. Il y a un piège du présent : c'est une sorte de trou noir qui absorbe tout.

E. K. : Lorsque j'étais adolescent, dans les années soixante-dix, tous les magazines pour adolescents, *Tintin*, *Spirou*, *Pilote*..., nous parlaient de l'an deux mille. On nous expliquait comment on allait voyager, communiquer, travailler, se divertir, se déplacer en voiture volante, etc. On arrivait à imaginer le futur. L'axe du temps était tracé.

Mais il y avait déjà des discours dystopiques, non ?

E. K. : Sur la bombe atomique et la guerre froide, oui, mais c'était pratiquement le seul. Le futur était dessiné sous forme de bandes dessinées, mais aussi représenté comme un aboutissement. Aujourd'hui, le futur est laissé en jachère intellectuelle. En novembre 2018, une vaste étude de la fondation Bertelsmann portant sur cinq pays européens (France, Italie, Allemagne, Espagne et Pologne) révélait que 67 % des sondés préféreraient vivre dans le passé. Pour moi, c'est ça, la grande révolution : personne n'a hâte d'être en 2050.

O. G. : On n'a plus envie de futur, mais de plusieurs présents. De plusieurs identités, de plusieurs logiques dans plusieurs lieux, digitaux ou non. C'est un changement d'axe complet.

E. K. : Nous devons inventer un récit qui donne un sens à ce qu'on fait. Dans les laboratoires, on a des projets de missions spatiales, de réacteurs nucléaires, de collisionneurs jusqu'en 2080. Mais on est incapable de déterminer quelle sera la société qui accueillera ces projets, et même qui les portera. Les gens qui ont construit Notre-Dame, pour la plupart d'entre eux, n'ont pas vu le résultat final de leur travail, mais ils étaient mus par la foi. Sommes-nous capables de penser le long terme sans avoir une certaine forme de foi qui nous pousse à travailler, à faire advenir ?

O. G. : Je pense que le monde change plus qu'il ne va mal, et qu'il y a toujours autant de gens qui ont envie de régler les problèmes. On est persuadé que sa propre génération est en train de vivre la fin du monde et que l'on doit contribuer à le sauver.

E. K. : Mais ce n'est pas la même chose d'être mû par l'angoisse que d'être mû par l'espoir. Elle est là, la grande différence.

Quelle est la plus grande source d'angoisse liée au progrès technologique aujourd'hui ? La perspective de perdre son emploi ?

O. G. : L'IA engendre des anxiétés : « Qu'est-ce que je vais faire demain ? Est-ce que je peux encore faire mon travail ? » Mais il y a une angoisse plus profonde qui est : « La machine sera meilleure que moi. » Pour moi, c'est l'angoisse la plus importante que l'on observe aujourd'hui.

E. K. : Les intellectuels se sont longtemps sentis protégés contre la menace de l'IA. Mais c'était une illusion. L'IA fait désormais concurrence aux avocats, aux professeurs, aux journalistes… Le futurologue Hans Moravec avait énoncé une sorte de paradoxe dans les années quatre-vingt-dix : plus une tâche est facile à exécuter pour un humain, plus elle est difficile à exécuter pour un robot. Quoi qu'il en soit, les coiffeurs ne semblent pas près d'être remplacés.

O. G. : En tout cas, il y a un vrai besoin d'humain et de créativité dans le travail. Une espèce de fatigue technologique est en train de se développer aujourd'hui, alors que le digital représente 25 % de l'économie. Dans tout ce qui concerne la création de plates-formes, on sent une exigence de création artistique différente, plus humaine. De manière générale, l'envie de remettre l'humain au centre se retrouve partout. Plus il y a de technologie, plus il y a cet élan pour retrouver de l'émotion, de la sincérité. Et enfin, les gens veulent continuer à avoir des conversations.

Des conversations non numériques, où l'on est proche de l'autre, physiquement.

Comment nous former pour faire face à l'irruption de l'IA ?

O. G. : Il faut bien plus que de la formation ; il faut un véritable accompagnement pour appréhender ce nouvel outil. Chez Accenture, on a déployé la solution Copilot de Microsoft. C'est une IA insérée dans les outils de bureautique : tous les matins, lorsque vous ouvrez votre ordinateur, vous trouvez un simple bouton qui vous permet d'utiliser une IA pour effectuer un certain nombre de tâches. Celle-ci peut écrire des e-mails à partir de trois mots, produire des synthèses de réunion, proposer une liste de tâches à réaliser, voire vous proposer des questions pertinentes à poser lors de votre prochaine réunion. Mais, dans un premier temps, nous avons limité le nombre de personnes qui y ont accès. Car il faut prendre le temps avec de tels outils. Le but est de développer des usages plus précis et plus fins, avec l'idée que les premières vagues de bénéficiaires de l'outil enrichiront les « prompts[1] » pour les suivantes.

E. K. : Le philosophe François Jullien, dans son essai *Raviver de l'esprit*[2], raconte comment l'invention de la photographie au XIXe siècle a suscité un vent de panique chez les artistes peintres. Comment ont-ils réagi ? Ils ont « décoïncidé » avec leur art, dit-il, en inventant l'abstraction. La même question se pose aujourd'hui : la concurrence

1. Un *prompt* est une instruction ou une série de données fournies à un système d'IA, qui utilise ces informations pour générer des réponses.
2. François Jullien, *Raviver de l'esprit en ce monde*, Éditions de l'Observatoire, 2023.

de l'IA va-t-elle provoquer chez nous un essor de l'esprit ? Une façon spécifiquement humaine de traiter certaines questions que les machines ne peuvent pas imiter ?

O. G. : On a besoin de créativité, d'esprit critique. À ce niveau-là, il y a des constantes. D'ailleurs, il est possible qu'on sous-estime l'effet positif de la masse de connaissances à laquelle nous avons accès.

Est-ce parce qu'on ne comprend pas le fonctionnement de l'IA que l'on tend à s'en méfier ?

E. K. : Nous avons un rapport magique aux objets technologiques. Aujourd'hui, personne ne sait dire comment fonctionne un téléphone portable.

O. G. : Est-ce que la première automobile ne faisait pas le même effet ?

E. K. : Non, on pouvait vous montrer le moteur et vous expliquer son fonctionnement.

O. G. : Dans l'histoire de l'humanité, l'homme a déjà fait confiance à des objets très dématérialisés. Le meilleur exemple, c'est la monnaie. C'est une dématérialisation d'un échange à laquelle on a su faire confiance. Le digital continue d'ajouter du dématérialisé dans l'échange.

E. K. : Oui, mais avec la monnaie, on est dans l'ordre du symbolique. On accorde à la monnaie une valeur que chacun reconnaît. Et ce n'est pas très compliqué à expliquer, la monnaie !

O. G. : Le fonctionnement des banques centrales n'est pas si simple. Pour moi, la monnaie reste un bon exemple. C'est un élément encourageant. Il y a eu de fausses monnaies, des monnaies qui ne valaient rien, de l'hyperinflation. Malgré ces expériences négatives, on a quand même gardé confiance.

E. K. : Le parallèle est puissant, mais il y a une différence. On peut distinguer la vraie de la fausse monnaie. Dans l'IA, on ne peut pas distinguer le vrai du faux.

Faut-il des règles pour encadrer l'IA ?

O. G. : Bien sûr, il faut des règles, des garants. Avec la blockchain, il y a des outils technologiques qui permettent de traiter la question de la copie numérique. On peut la signer, la dater, et elle aura à nouveau un caractère unique. Lorsqu'on vendait des œuvres d'art dans le metaverse, on pouvait dire : « Non, ce n'est pas l'original, c'est une copie numérique. » Mais je crois que ce sujet de l'identité digitale n'a pas été encore assez traité. Et aujourd'hui, c'est un problème. Depuis vingt ans qu'Internet existe, on a autant d'identités digitales qu'on a de sites, de comptes, avec autant de mots de passe. L'une des promesses du metaverse, c'était de créer une identité digitale sécurisée, unie, qui permettra de se promener un peu partout dans l'univers digital. Je pense que c'est un élément important du futur pour continuer à vivre en confiance dans un environnement numérique.

E. K. : Il y a tout de même une mutation radicale. On est maintenant en situation de pouvoir lire des textes qui n'ont pas été écrits par des humains.

O. G. : Ce sont souvent des résumés de textes écrits par des humains. Même si les IA produisent aussi des hallucinations.

E. K. : Il y a également un risque de cancérisation, c'est-à-dire que l'IA, s'alimentant de ses propres productions qui contiennent des erreurs, peut les démultiplier. S'il n'y a pas un humain pour lui dire que c'est faux, elle ne sait pas que c'est faux.

O. G. : C'est pour cela qu'on a besoin de règles ! Par exemple, l'*AI Act* empêche les banques d'utiliser l'IA pour faire des scorings de crédit[1]. Aujourd'hui, les IA savent mesurer le risque plus rapidement parce qu'elles sont en mesure d'analyser beaucoup plus de données et surtout parce qu'elles sont capables d'aller les chercher dans des sources externes. Or, on entre là dans le domaine des données sensibles, sans avoir nécessairement le consentement du consommateur, parce qu'on ne sait pas ce que l'IA va chercher. C'est pourquoi il faut encadrer tout cela.

Un autre problème est celui des biais. On peut certes dire à l'IA de ne pas utiliser les données des réseaux sociaux. Mais encore faut-il avoir réglé l'étape d'avant, qui consiste à admettre que l'algorithmie reproduit des biais. Si l'IA voit une corrélation, par exemple, entre le fait d'avoir tel âge et de ne pas rembourser son crédit, cela peut être juste sur le plan statistique, mais difficile à appliquer d'un point de vue moral. Ce n'est pas une erreur de l'IA, mais suivre son résultat revient d'une certaine manière à discriminer.

Comment cultiver notre esprit critique face à des IA qui semblent brouiller le concept même de vérité ?

E. K. : Un sondage de l'Ifop mené en 2023 montre que 17 % des jeunes de 11 à 25 ans pensent que la Terre pourrait être plate. Il faut interroger le fait que la technique

1. Le scoring bancaire consiste à évaluer le risque de défaillance d'un emprunteur.

rend possible la propagation de croyances fausses. Or, comme le remarquait Umberto Eco, il y a une « force du faux », qui provient de ce que nous préférons le faux au vrai. Nos cerveaux ont été formés par l'évolution au prix de la fabrication de biais cognitifs qui nous permettent de prendre une décision lorsque nous manquons d'informations. Une décision n'est jamais le simple résultat d'un processus déductif : il y a toujours un pari, une hypothèse. Les biais cognitifs, c'est par exemple le bon sens, ou bien cela peut être la confiance dans un chef qui semble avoir une certaine autorité naturelle. Or, ces biais cognitifs sont toujours là, actifs, alors même que nous sommes passés d'un monde où les informations étaient rares à un autre monde où elles arrivent en tsunami. Comment ne pas s'y perdre ?

O. G. : C'est impossible. Mais on a déjà assisté dans l'histoire de l'humanité à des moments comme celui-là. La différence, ici, c'est que le phénomène est plus fort, dans le sens où il est plus rapide et touche surtout énormément de personnes en quasi-temps réel. En janvier 1789, Louis XVI libère la presse : deux cents nouveaux journaux apparaissent en un mois. La plupart d'entre eux racontent des horreurs sur Louis XVI et Marie-Antoinette, que les gens lisent sur la place publique. Les *fake news* ont toujours existé ! La seule manière de lutter contre cela, dont on a connaissance et qui soit efficace, c'est l'esprit critique.

E. K. : L'esprit critique, c'est comme le cholestérol : il y a le bon et le mauvais. Le bon, c'est celui qu'on adresse à sa propre pensée. Le mauvais, c'est celui qui nous fait critiquer tout ce que disent les autres. Et je vois que dans nos sociétés dites « postmodernes » se manifeste une défiance marquée à l'égard de l'idée même de *vérité* – on pourrait même parler de déflation fulgurante. La vérité existe-t-elle vraiment ? se demande-t-on. Si oui, comment pourrait-elle être autrement que subjective, temporaire, incomplète, partiale, locale, instrumentalisée, culturelle, corporatiste, circonstancielle, fluctuante, contextuelle, voire carrément… factice ?

Êtes-vous plutôt optimistes ou pessimistes face à ce moment de grande déstabilisation par la technologie ?

O. G. : Je reste optimiste, car l'humanité a déjà traversé des moments de crispation de ce genre. Et surtout car je suis convaincu que la technologie a énormément de choses positives à nous apporter, individuellement et collectivement.

E. K. : Je ne suis pas pessimiste : j'essaye simplement de comprendre ce qui se passe. Mais sommes-nous seulement capables de nommer ce qui se passe aujourd'hui ? Certes, l'humanité a connu un certain nombre de crises dans son histoire. Mais reconnaissez que les bouleversements que connaît aujourd'hui un humain en l'espace d'une vie n'ont jamais été aussi nombreux ni aussi amples. Cela représente un véritable défi pour la pensée.

« Les enjeux de la transition
énergétique ne sont pas simplement
la durabilité et l'avenir de la planète,
mais aussi la capacité
à maîtriser son propre destin »

Jean-Pascal Tricoire

« Une société du tout électrique
n'est pas forcément écologique »

Dominique Bourg

Jean-Pascal Tricoire *est président du conseil d'administration de Schneider Electric après en avoir été le PDG de 2013 à 2023. Administrateur chez Qualcomm et engagé dans l'ESG, il est chevalier de la Légion d'honneur et officier de l'Ordre du Mérite.*

Dominique Bourg *est professeur honoraire à l'université de Lausanne. Ses recherches portent sur la durabilité sous ses aspects politiques, économiques et métaphysiques. Il a récemment publié* Dévastation. La question du mal aujourd'hui *(PUF, 2024).*

Quelle transition écologique pour demain ?

Jean-Pascal Tricoire et Dominique Bourg

Si le progrès technique a apporté l'abondance et le confort aux pays industrialisés, l'utilisation de l'énergie est aujourd'hui questionnée. S'il est indéniable que nos émissions de gaz à effet de serre mettent en danger les conditions de vie sur Terre, de nombreuses questions se posent autour de la meilleure stratégie à adopter pour répondre à la crise écologique. Par quoi pouvons-nous remplacer les énergies fossiles ? Comment réduire notre dépense énergétique globale alors que de nombreux pays rêvent d'avoir accès au développement technologique ? Une société du tout électrique est-elle forcément écologique ? Et comment intégrer la défense de la biodiversité dans les efforts pour freiner le réchauffement climatique ? Dominique Bourg, philosophe de l'écologie, et Jean-Pascal Tricoire, président du conseil d'administration de Schneider Electric, en débattent.

Le développement technologique est-il plutôt bénéfique ou néfaste pour la planète ?

Jean-Pascal Tricoire : Bénéfique ! Revenons à des paramètres essentiels : l'espérance de vie et la démographie.

Depuis que je suis né, la population mondiale a plus que doublé et nous serons bientôt dix milliards. Si l'on considère l'espérance de vie, nous sommes passés de 60 à 75 ans ! Aujourd'hui, à peu près tous les êtres humains sont équipés d'un smartphone et ont accès à une information mondiale, ce qui était inenvisageable à ma naissance. Je me souviens de ma première liaison internet et de mon premier téléphone portable, cela a ouvert les portes de la communication et de la culture comme jamais auparavant.

Cependant, toutes ces transitions technologiques ont des effets secondaires à long terme. Le problème principal pour l'environnement, ce ne sera pas tant la technologie que la démographie et l'élévation du niveau de vie d'un nombre croissant, ce qui est par ailleurs une bonne chose. Avant, nous vivions sur une Terre qui était pleine de vide, il y avait moins de risques de confrontation, moins de saturation des besoins. On ne pourra régler la contradiction entre progrès et développement durable que si l'on change de technologie. Le modèle que l'on a utilisé, particulièrement notre relation avec l'énergie, principale raison du changement climatique, est maintenant dans une impasse.

Le paradoxe est qu'il reste essentiel de développer l'accès à l'énergie. Aujourd'hui, 3 milliards d'habitants n'ont pas un accès à l'énergie qui leur permette une vie décente, ce qui est inacceptable. Nous sommes aussi dans une situation d'iniquité mondiale profonde : 80 % de la fourniture de l'énergie dominante, qui est l'énergie fossile, se trouve entre les mains de 13 pays, et 86 % de la population mondiale importe ces mêmes carburants, ce qui pose un problème de souveraineté, de subordination économique, et donc crée des fragilités. Avec la guerre en Ukraine, en 2022,

10 % des foyers européens n'arrivaient plus à se chauffer correctement. On a redécouvert notre vulnérabilité énergétique et donc économique, puisque nous sommes passés, en 2020, de 160 milliards d'euros d'importations en Europe à plus de 600 milliards d'importations. Les enjeux de la transition énergétique ne sont pas simplement la durabilité et l'avenir de la planète, mais aussi la capacité à maîtriser son propre destin et à passer à un modèle qui réconcilie progrès et durabilité pour tous.

Dominique Bourg : Ni l'un ni l'autre. Comme l'a dit Jean-Pascal, nous serons probablement 10 milliards d'humains dans un quart de siècle. Or, c'est totalement incompatible avec le bon fonctionnement de la biosphère. C'est au détriment des autres espèces. À peu près 50 % des surfaces qui peuvent être végétalisées sur Terre sont exploitées par les êtres humains. Les vertébrés terrestres sauvages constituent moins de 3 % de la biomasse des vertébrés, contre un tiers pour les êtres humains et deux tiers pour leurs animaux domestiques.

Les techniques résolvent certains problèmes, mais elles en créent d'autres. Prenons l'exemple des néonicotinoïdes : leurs fabricants ont longtemps prétendu qu'il n'y avait pas de problème à exposer les abeilles à ces substances. Ces produits ne tuaient pas directement les abeilles. Ils changeaient leur environnement sonore et olfactif, empêchant les abeilles de retrouver leur ruche : elles mouraient en masse. La nature est une mécanique très complexe que nous brutalisons.

Il n'y a pas d'humanité sans technique, c'est une évidence. Mais on a eu tendance à penser qu'à la manière du marché, elle allait résoudre tous nos problèmes. Il y a trente ans, tout le monde pensait que le développement des réseaux et du numérique allait nous rendre plus démocrates et plus intelligents : c'est l'inverse. Au cœur de la pensée écologique, qui remonte au XIXe siècle, il y a l'idée que les techniques ne sont généralement pas capables de résoudre les problèmes qu'elles posent elles-mêmes. L'état de la planète le confirme.

… comme le réchauffement climatique ?

D. B. : L'enjeu d'aujourd'hui, c'est l'altération, voire la destruction de l'habitabilité de la planète. Prenons trois exemples. Les inondations successives dans le Pas-de-Calais ou à Valence : quand vous avez une température moyenne qui gagne 1,5 °C, l'humidité de l'air augmente de 10 % (selon la loi de Clausius-Clapeyron), avec pour conséquence un régime des pluies alternant sécheresses et précipitations violentes. Autre exemple, la montagne est en train de devenir impraticable à cause de la fonte du pergélisol et de précipitations hyperviolentes ; 41 % des terres émergées deviennent arides. Enfin, dans les zones tropicales, au-delà d'une température de 30 °C, nos capacités de régulation thermique sont affectées : dans une petite forêt tropicale du Mexique, en mai 2024, un tiers des singes hurleurs répertoriés sont tombés raides morts des arbres à cause de la chaleur humide.

Il y a évidemment des réponses techniques, puisqu'il n'y a pas d'humanité sans technique. Mais penser qu'une révolution technique va, par elle-même, résoudre ce problème me laisse sceptique. Tout progrès suscite un coût énergétique et en matériaux additionnel.

J.-P. T. : Lorsque j'ai pris les rênes de Schneider Electric il y a vingt et un ans, j'ai repositionné l'entreprise, convaincu que le modèle énergétique actuel n'était pas durable, pour qu'elle se concentre sur l'efficacité énergétique et la décarbonation. Schneider Electric, fondée il y a près de cent quatre-vingt-dix ans par la famille Schneider, a été un acteur clé des grandes révolutions industrielles, depuis l'acier jusqu'aux machines électriques. La société a connu des moments difficiles au début des années quatre-vingt, marqués par une crise de gestion qui l'a menée à la faillite. Je le mentionne parce que tout le monde sait chez Schneider qu'une société est mortelle : cet épisode et d'autres ont révélé la nécessité pour l'entreprise de se réinventer. Mes prédécesseurs ont alors vendu une grande partie du conglomérat et se sont recentrés sur une entreprise, Merlin Gerin, spécialisée dans les produits électriques. Ce noyau a servi de base pour reconstruire Schneider Electric au cours des vingt années suivantes, en se concentrant sur les acquisitions et le développement organique, pour se focaliser sur les produits électriques.

Aujourd'hui, Schneider Electric alimente en électricité tout ce qui nous entoure, des maisons aux usines. Notre plus gros segment, ce sont les centres de données informatiques, en particulier ceux qui hébergent l'intelligence artificielle. Nous sommes convaincus que la décarbonation passe par l'électrification des usages et la digitalisation, qui permet à nos clients une utilisation beaucoup plus efficace de leurs ressources en énergie.

La notion même de transition énergétique est parfois critiquée : peut-on se contenter de convertir notre dépense

énergétique en tout électrique ? Ou bien faut-il envisager une forme de sobriété pour faire face au changement climatique ?

J.-P. T. : Les deux sont complémentaires. Aujourd'hui, 44 % de la population mondiale est indigente en énergie. Je considère que l'accès à l'énergie est un droit fondamental de l'être humain. Venant d'une famille rurale, je peux vous dire que cultiver la terre à la main, ce n'est pas émancipateur ! On peut parler du besoin de sobriété, mais 60 % de la population mondiale aujourd'hui ne rêve que d'une chose, c'est d'avoir un accès équitable, sûr et garanti à l'énergie. Qu'on aime ou pas la technologie, le seul moyen d'y arriver, c'est une transition accélérée.

Le monde de l'énergie, qui a été très conservateur durant les deux siècles passés, traverse deux révolutions. Première révolution : la digitalisation, qui connecte la production et la consommation, avec des gains d'énergie potentiels de 30 % en moyenne. La digitalisation permet l'économie de partage, par exemple avec les Vélib en ville. Autre exemple, l'Internet des objets, avec le big data qui permet de partager, de centraliser et ensuite d'appliquer de l'intelligence artificielle sur tel ou tel sujet pour optimiser. Et ça permet enfin une économie de circularité : si on ne digitalise pas, on ne sait pas circulariser.

Deuxième révolution : l'électrification, avec l'innovation majeure d'une production basée sur le renouvelable et stockée de manière décentralisée dans des batteries. Trop d'électricité est encore produite à partir de fossiles. Mais ça change : en 2023, on est à plus de 30 % d'énergie produite à partir d'électricité d'origine bas carbone. En 2030, on sera à 50 %. Dès 2025, la production du renouvelable dépassera la production basée sur le charbon. Toutes les nouvelles technologies, la voiture, la pompe à chaleur, etc., sont basées sur l'électricité, dont la production évolue en profondeur, avec des baisses de coûts spectaculaires sur les panneaux solaires et les moyens de stockage. La transition énergétique du transport, qui représente 30 à 35 % de la consommation d'énergie et plus encore des émissions, est en marche.

Il y a accumulation de transitions. Ce que je trouve le plus important, c'est que la responsabilité de cette transition incombe autant à chacun d'entre nous qu'aux gouvernements et aux grandes sociétés. La transition énergétique passera principalement par la manière dont nous consommons l'énergie. Et ce sont nos choix individuels qui la rendent possible.

Une société du tout électrique est-elle forcément écologique ?

D. B. : Non, pour qu'elle soit écologique, elle doit être compatible au long cours avec la complexité des écosystèmes et les « besoins » qui sont les leurs. Vous défendez l'idée d'une révolution dans la production énergétique, où tout le système fonctionne à petite échelle, et non à partir d'une production centralisée. Je suis un peu sceptique sur ce point, parce qu'il y a certains besoins d'électricité qui exigent une grosse production, pour les réseaux de voies ferrées par exemple.

Je suis également sceptique en ce qui concerne la voiture électrique, qui me semble relever du modèle pavillonnaire. Beaucoup de gens dans les villes n'ont pas de véhicule. Et la voiture électrique rentre dans la logique de l'effet rebond décrit par l'économiste William Stanley Jevons au

XIXe siècle : moins une locomotive utilise d'énergie, plus vous pouvez avoir de locomotives et plus la consommation de charbon augmente. Pour une véritable transition énergétique, il faudrait que la voiture électrique soit mutualisée. Il est vrai qu'elle a un meilleur rendement (90 %) que la voiture thermique (15 %). Cependant il y a aujourd'hui 1,4 milliard de voitures individuelles et nous passerons à 3,5 ou 4 milliards de voitures électriques lorsque nous serons 10 milliards. Alors, le nombre de mines sur Terre – il y en a 12 000 à l'heure actuelle – va encore augmenter. On a donc, effectivement, des techniques qui peuvent permettre de rendre certains services avec une consommation de ressources moindre, à condition d'adopter un cadre général de sobriété.

Il faut également mentionner la situation de la planète. Dès la décennie 2040, nous aurons des années à + 2 °C. Et quand on passe de 1,5 °C à 2 °C de réchauffement, il y a doublement de l'intensité des événements extrêmes. On va donc devoir accomplir cette révolution avec des tensions énormes sur la production alimentaire, et avec une donne géopolitique extrêmement complexe. Quand on prend tout cela en compte, on voit bien que la priorité est vraiment la sobriété. Pour autant, on ne peut pas dire à 44 % de la population mondiale qu'elle va vivre sans énergie, c'est évident. Il faut des équipements efficaces, mais il faut aussi que ceux qui ont tendance à gaspiller ne gaspillent plus. C'est-à-dire qu'il faut un rééquilibrage en termes de consommation. Si on n'y arrive pas, on aggravera les difficultés sur une planète déjà exsangue.

J.-P. T. : Je crois que nous disons largement la même chose. J'ai commencé par dire que la première révolution énergétique, c'était le digital au service de l'efficacité et de la sobriété. Et c'est ce que nous faisons tous les jours avec des milliers de clients. Déclarer la sobriété, c'est bien, mais si vous ne donnez pas les moyens aux gens de savoir ce qu'ils font, ils ne changeront pas leurs habitudes. Le fait de mesurer ce qu'il se passe induit immédiatement des comportements de responsabilisation. En Suisse ou en France, moins de 8 % des bâtiments sont digitalisés. Appliquer du digital sur des résidences ou des bâtiments qui sont coupables de beaucoup d'émissions inutiles, c'est économiser en moyenne 30 % d'énergie. L'énergie la plus verte, la moins chère et la plus rapide à mettre en œuvre, c'est celle qu'on ne consomme pas. C'est pourquoi nous nous sommes installés comme le champion mondial de l'économie d'énergie avec Schneider. Le véhicule, lui, participe à une logique où nous serons tous pourvus de batteries locales et de batteries plus centrales qui permettront de lisser les charges qui sont aujourd'hui une plaie du système électrique.

Enfin, la décentralisation de l'énergie devrait désintoxiquer les citoyens de modèles ultracentralisés, avec lesquels on se tourne toujours vers les puissances publiques pour organiser la transition. Bien entendu, c'est un système à combiner avec un système centralisé, fait de bases de production plus prévisibles, comme le nucléaire en France. Je pense qu'il y aura beaucoup d'innovations dans le nucléaire : on peut envisager d'avoir accès à une fusion maîtrisée dans les vingt ans qui viennent, ce qui pourrait changer assez fortement les choses.

En attendant, le sujet de la transition énergétique a toujours été confié soit aux gouvernements, soit aux entreprises. Chez Schneider, la plus grande partie de nos usines sont net positives : on produit plus qu'on consomme, et on s'assure que le complément, lorsqu'on en a besoin, vient de sources vertes. Je pense qu'il y a au moins 30 % de charge dont le progrès peut être remis entre les mains des citoyens, qu'on responsabiliserait sur le sujet. Être responsabilisé, ça ne veut pas dire perdre de l'argent. Le système du *payback* change tout : quand les gens deviennent producteurs d'énergie, ils s'intéressent davantage au sujet de leur consommation. C'est comme se désintoxiquer : au lieu d'acheter tous les jours à des fournisseurs fossiles sa dose habituelle, on investit dans une « cure » qui change le modèle de dépense en un modèle d'investissement. Quand l'énergie arrive fournie par une entité extérieure et centrale, le progrès devient plus compliqué. Aujourd'hui, la plupart des appartements sont vides plus de 50 % du temps. Si on éteint les machines, on gagne 50 % de temps de consommation. Une école, en moyenne, peut consommer 50 % moins d'énergie. Mais l'être humain ne le fait pas, on n'éteint pas, on ne change pas les températures, on n'arrête pas les boucles d'eau chaude… C'est dommage, car de tels changements entraînent des retours sur investissement très rapides.

Peut-on se contenter de responsabiliser les consommateurs ou faut-il une régulation étatique forte pour réduire notre dépense énergétique ?

D. B. : Effectivement, avec la digitalisation, on peut avoir un contrôle sur ce qu'on consomme, on peut allouer beaucoup plus directement l'énergie dont on dispose, avec des gains énormes à la clé. Mais pour éviter l'effet rebond, il faut une régulation publique relativement forte, de telle sorte que ces équipements aient une finalité très claire et que le cadre juridique serve la réduction, à confort équivalent, de la consommation d'énergie. Un réglage assez fin est à trouver pour préserver l'initiative, l'autonomie et le plaisir de l'existence. Si l'on vous dit de A à Z ce que vous devez faire, l'existence n'a plus tellement d'intérêt. Et en même temps, une régulation publique doit indiquer quelles sont les bornes et dans quel sens aller.

Mais même avec tout cela, le coût du matériau n'est pas négligeable et c'est un des problèmes que pose ce qu'on appelle la transition énergétique. C'est simple à comprendre : les êtres humains ne produisent pas l'énergie, ils la captent, la transportent, la transforment, et pour ce faire, ils ont besoin d'énergie et de matériaux. Le problème aujourd'hui, c'est le coût en termes de déchets de tous ces convertisseurs dont on va multiplier le nombre et qui vont être plus sophistiqués. Pour la digitalisation, on a besoin de métaux dont on n'avait pas besoin il y a trente ou quarante ans. La résolution de ce problème ne peut se faire qu'à l'échelle globale et suppose une régulation publique inexistante aujourd'hui.

J.-P. T. : Je n'ai pas dit qu'il fallait sortir d'un système centralisé, mais qu'il fallait le compléter pour aller vers un système hybride qui responsabilise au maximum. Chez les clients qu'on accompagne, on ne constate pas d'effet rebond. Chez Schneider, tous les trois ans, on gagne 10 % en efficacité énergétique. C'est bon économiquement, c'est bon pour le développement durable et c'est très motivant.

Et, bien entendu, la régulation est très importante. En tant que dirigeant de Schneider, j'ai dû passer au moins 10 % de mon temps à dialoguer avec les gouvernements. En effet, la plupart des régulations sont faites pour des systèmes inventés il y a cinquante ans. Très souvent, la régulation, c'est la voiture-balai de l'évolution. C'est pourquoi il faut faire un travail de fond avec les gouvernements pour comprendre comment accélérer les transitions. Autrement, on se retrouve à cultiver l'équivalent du Minitel en matière énergétique dans certains pays tandis que le reste du monde va beaucoup plus vite. Là où il y a un effet rebond, c'est dans les régulations. L'Europe est en train de prendre du retard au niveau énergétique parce que les régulations sont coulées dans le béton du passé. Par exemple, les délais pour obtenir des permis dans les renouvelables sont stratosphériques, très supérieurs à ce qu'on voit dans le reste du monde. Passer de dispositifs traditionnels à des dispositifs nouveaux est beaucoup plus long qu'ailleurs. On est dans une partie du monde dans laquelle les régulations ont un effet parfois ralentisseur sur les transitions réalisées. Est-ce que ça a du sens de construire un bâtiment qui va durer pendant les cinquante années qui viennent qui n'est pas net zéro ? Non. Est-ce que ça a du sens d'installer un bâtiment qui n'est pas digitalisé et qui ne mesure pas toutes ses consommations d'énergie ? Non. Il faut s'assurer que les régulations sont efficaces et orientées vers le futur.

Par ailleurs, je suis favorable à ce que l'on partage au niveau mondial un capital carbone. Pour permettre non pas à 40 %, mais à 50 % des habitants de la planète d'avoir leur premier accès à l'énergie, il va falloir que l'Europe, les États-Unis, le Japon, la Chine travaillent d'arrache-pied pour aller vers du net zéro beaucoup plus vite que prévu.

D. B. : J'aimerais rappeler quelques points fondamentaux sur la question de la régulation. Si on laisse faire les acteurs industriels, l'effet rebond jouera et on n'ira pas spontanément vers une énergie décarbonée. D'ailleurs, on le voit : ça fait quarante ans qu'on en parle, et on commence seulement à avancer (pour combien de temps avec Trump ?). Le résultat, aujourd'hui, c'est une destruction de l'habitabilité de cette planète. Donc ce n'est qu'en régulant à une échelle globale que l'on peut répondre à ces problèmes. On ne peut pas y répondre à une échelle industrielle, ni à l'échelle du consommateur. Le consommateur consomme. Si on lui offre des gains techniques pour consommer plus, il consommera plus. Si les Chinois ont aujourd'hui cette compétitivité en termes de panneaux solaires, c'est parce que l'État a mis le paquet. Il a contraint les industriels à travailler ensemble. La France a su le faire au moment du programme nucléaire.

Une bonne régulation doit s'appuyer sur la bonne volonté de certains, mais il faut relativiser l'effet de la responsabilisation individuelle. On n'a jamais eu autant d'informations disponibles, or le thème de l'écologie n'a aucunement été mobilisé lors des deux dernières élections. Ce n'est pas le sujet premier des autorités. Il ne suffit pas de connaître une réalité pour avoir le désir de s'y adapter : si c'était le cas, nous n'en serions pas là.

J.-P. T. : Je suis profondément convaincu qu'il y a beaucoup de personnes qui travaillent sur la sobriété et qui n'ont pas besoin qu'on les y force. Depuis cinq ans, 6 000 sociétés ont souscrit à une trajectoire SBTi sur l'ensemble de leur scope de neutralité carbone. Pour Schneider, cela signifie que nous emmenons des milliers d'entreprises dans notre sillage. 30 000 entreprises avec lesquelles on travaille pour réduire l'impact carbone, en acceptant les coûts et les surcoûts que cela induit. C'est inédit.

Dans toutes nos projections, l'Europe va voir sa consommation d'énergie diminuer de façon drastique dans les dix à vingt ans qui viennent, parce qu'on y travaille tous. Tout le monde a compris l'enjeu économique, sécuritaire et climatique. Et je constate que l'on progresse moins vite dans les domaines « surrégulés », parce que la plupart du temps, ces régulations sont ancrées dans la protection de technologies dépassées. Comment faire pour qu'elles soient tournées vers le futur ? Il faut compléter, organiser, mais surtout accélérer. Parce que moi, je partage votre anxiété. J'habite à Hong Kong, où il y a maintenant deux à trois typhons par an qui viennent frapper l'île et détruisent massivement des structures.

D. B. : L'objectif zéro carbone, bien sûr, est absolument indispensable. Mais il va falloir aussi fixer un objectif en termes de biodiversité (les fameux 30 % de zones protégées). Et là, ça devient plus complexe. Pour gagner en carbone, on va perdre en respect du vivant *via* les exploitations minières, etc. Aujourd'hui, les autorités politiques, et notamment les partis politiques, ne nous aident pas à ce que ce soit un objectif qui soit aussi évident qu'il l'est à vous entendre. Vous, vous êtes dans un domaine où vous associez parfaitement la performance économique et la réduction carbone, mais ce n'est pas le cas de tous les industriels. Et il y a des gens dont ce n'est pas du tout la préoccupation. Si vous allez voir du côté de Trump, ou de celui du Rassemblement national chez nous, ce n'est pas leur souci. Donc, on a vraiment besoin de coordonner les différentes initiatives de la façon la plus intelligente possible. Il faut voir les effets cumulés de notre transition non seulement sur le climat, mais aussi sur la biodiversité. Et on a besoin d'une instance qui surveille et réoriente quand ce n'est pas le cas. Si vous prenez par exemple le béton, les États-Unis sont en train de développer une production de béton qui sera pratiquement zéro carbone. Bravo ! Mais si avec ce béton zéro carbone on met du béton partout, nous n'aurons rien gagné !

J.-P. T. : Lorsqu'on libère nos clients d'une contrainte, ils ne vont pas vers plus de consommation. Dès qu'ils atteignent un niveau de fonctionnement optimisé, ils essayent de ne pas en sortir et même de continuer à faire mieux. On commence à avoir des gens qui visent non pas la neutralité, mais le net positif de façon affirmée. Vous avez dit que j'étais optimiste. Je pense qu'on n'a pas le choix pour une raison simple. C'est que nous sommes 8 milliards, bientôt 10, et le système ne fonctionne pas. Nous sommes dans l'impasse. Le seul sujet, c'est d'accélérer la transition et de le faire au mieux. On va commettre des erreurs, mais essayons d'être pragmatiques. Et agissons vite, parce que les effets se cumulent. Une tonne sauvée maintenant vaut dix fois plus qu'une tonne sauvée dans dix ans !

« Le vrai combat
des vingt prochaines années,
c'est celui de l'utilisation
de l'électricité verte.
Le monde entier va être confronté
à la finitude des énergies »

Augustin de Romanet

« Nous sommes des Terriens
qui aiment fuir leur condition.
Il faut cultiver cette excitation
des départs : être présents
à ce qui se passe, ne pas l'esquiver
en restant le nez sur les écrans »

Laurence Devillairs

Augustin de Romanet*, né en 1961, a été président-directeur général du Groupe ADP de 2012 à février 2025. Ancien secrétaire général adjoint de l'Élysée, il a dirigé la Caisse des dépôts et consignations entre 2007 et 2012. Il est vice-président du conseil d'administration de Scor SE et préside Paris Europlace.*

Laurence Devillairs *est normalienne, agrégée et docteure habilitée à diriger des recherches en philosophie. Spécialiste du* XVIIe *siècle, de Pascal et Descartes, elle a récemment publié* La Splendeur du monde. Aller à la rencontre de la beauté *(Stock, 2024) et* Être quelqu'un de bien. Philosophie du bien et du mal *(Points, 2024).*

Voyager au temps des nouvelles technologies

Augustin de Romanet et Laurence Devillairs

La technologie a bouleversé notre rapport au voyage : avec nos smartphones, nous avons le sentiment d'être en permanence reliés au monde entier. Avons-nous pour autant perdu notre capacité à nous émerveiller ? Les débats font rage autour de l'impact carbone des voyages en avion : faut-il forcément réduire le trafic aérien… ou espérer que l'on produise un avion « propre » dans des délais raisonnables ? Au fond, la question qui se pose est de savoir si la crise écologique aura raison de nos désirs d'ailleurs. Pour en discuter, nous avons réuni Laurence Devillairs, philosophe spécialiste de la morale mais aussi passionnée par la navigation, et Augustin de Romanet, PDG d'Aéroports de Paris jusqu'en février 2025.

En quoi la technologie a-t-elle changé notre rapport au voyage ? Avons-nous moins peur du lointain aujourd'hui ?

Augustin de Romanet : L'aviation civile moderne est née au milieu des années cinquante. En 1960, il y avait 100 millions de passagers dans le monde. Cette année, il y en aura 4,5 milliards. On en a donc multiplié le nombre par 45 en soixante-quinze ans. Cette invention a révolutionné notre rapport à l'espace. Cela a conduit à une meilleure connaissance des humains avec leur environnement. Mais le fait de pouvoir aller partout dans le monde n'a pas aboli la différence des cultures. Ce n'est pas en allant deux semaines en Papouasie-Nouvelle-Guinée que vous parviendrez à comprendre la vie d'un Papou ! Nous avons désormais une faculté infinie d'accéder aux autres cultures, mais celle-ci n'a pas mené à la fin de la conflictualité dans le monde.

D'autre part, dans un contexte de baisse de la pauvreté et d'augmentation des classes moyennes, l'avion permet d'éviter les zones de surtourisme. S'il n'y avait pas l'avion, en Europe tout le monde irait au musée à Florence ou au Prado à Madrid. Heureusement, on peut aussi aller en Laponie ou au Monténégro d'un coup d'avion.

Laurence Devillairs : Cela me fait penser à une déclaration de Rudyard Kipling prophétisant que l'aviation allait provoquer deux bouleversements majeurs : étendre les zones de connaissance de la planète, qui perdra de son mystère, mais aussi tuer le voyage. La technologie bouleverse ce que l'écrivain associait au voyage, qu'il définit comme le temps qu'il faut pour ne pas être là où on veut être. Le voyage n'est pas la destination.

Sur le lointain, on touche à un problème philosophique. Quel est notre rapport à ce qui est autre que nous ? Le monde est à la fois « nous » et « autre que nous ». « Nous » parce qu'il n'y a personne d'autre que « nous » qui forme un monde, y compris les habitants de la Papouasie. Et dans le même temps, nous esquivons cette réalité. La technologie est le signe de ce paradoxe : c'est ce qui rend très proche

– on a tous vu des images de Papouasie –, mais fait qu'on rate le monde.

Cependant, il n'y a rien de plus difficile que d'accepter de laisser l'autre être « autre ». On ne cesse de le ramener à ce que l'on connaît. On dit que « l'Aubrac, c'est comme la Mongolie ». Or, dire « c'est comme » est une manière de rater le monde.

Autrefois, le voyageur vivait un arrachement à son pays natal. Est-il encore possible de vivre une telle expérience alors qu'on reste connecté en permanence à son quotidien *via* son smartphone ?

A. R. : Il est évident que notre rapport à l'espace a déjà changé. En témoigne la disparition du genre épistolaire. La correspondance du XIXe siècle est extraordinaire. Pour prendre un seul exemple : les œuvres complètes de Tocqueville, ce sont 16 volumes de 300 pages chacun pour sa seule correspondance ! Lors de son voyage en Amérique en 1831, il a correspondu avec ses amis et sa famille. Cette littérature de voyage n'existe presque plus…

L. D. : C'est la même chose pour les cartes postales. J'en écrivais encore jusqu'à récemment, ce que je ne fais plus !

A. R. : Nous avons aussi développé des exigences de raccourcissement du temps. Le fait que vous soyez joignable à tout moment est un esclavage. Pire, si vous ne l'êtes pas, on vous le reproche ! Si je pars en vacances sur les îles Cook, où je ne serai pas joignable en raison du décalage horaire, on m'en voudra.

L. D. : C'est même pire, on continuera de vous écrire ! Si bien que lorsque vous reviendrez, vous serez assailli de courriels. Je suis une fois partie en mer, pensant que cela allait me protéger. Mais en fait, personne n'en tient compte. La technologie exige de nous un devoir d'ubiquité. Ce n'est pas humain !

Le fait de tout connaître d'un lieu avant même de s'y rendre nous fait-il perdre ce qui faisait le sel de l'aventure ?

A. R. : Cette question est paradoxale. On passe d'un monde ancien où personne ne voyageait loin à un monde contemporain où c'est le cas. Aujourd'hui, chacun peut partir à Prague le temps d'un week-end seulement. Il accède néanmoins à la richesse de cette ville, en partie du moins. Il peut lire des guides, lire Kafka… Vous pouvez également visiter la Laponie en quinze jours : cela était impossible auparavant. Mais n'y a-t-il pas trop de voyages ? Faut-il arrêter d'aller à Prague le week-end pour sauver la planète ?

L. D. : Le virtuel nourrit-il ou tue-t-il l'imaginaire ? Ce que j'aime le plus dans le voyage, c'est ce qu'il y a avant. C'est ce que décrit Baudelaire : pour « l'amoureux des cartes », le monde est d'abord objet de désir. J'aime les cartes papier que je n'arrive pas à déplier ni à replier facilement, parce que cela rend l'ailleurs réel. Sur le téléphone, tout semble au contraire simple, ni immense ni compliqué. Je crois qu'on tue ainsi un peu le désir du voyage, son mystère et son opacité : ce sont des lieux inconnus où nous allons, pas des circuits.

Certains guides touristiques sont quasiment des livres d'art, entraînant la possibilité que la ville visitée ne soit jamais aussi belle que son image. Le virtuel relève de l'ordre du parfait. « Parfait » vient d'un participe passé latin *perfectus*, ce qui a été achevé. C'est parfait, parce que cela a eu lieu, c'est fini, empaqueté. Voyager, c'est se confronter à ce qui est en train d'avoir lieu. L'imprévu apporte toujours de l'imperfection. C'est cela, le réel : ni fait ni à faire, mais en train de se faire. Ce n'est pas une image, ni un désir. C'est le danger de perfection d'Instagram, qui fait souhaiter voir un lieu qu'on ne verra jamais, qui n'existe pas réellement. C'est comme aller à Auvers-sur-Oise et s'étonner que cela ne ressemble pas au tableau de Van Gogh ! S'il m'arrive de regarder des images de voyage, je recherche avant tout le « choc du réel », pas son esthétisation.

Pourquoi l'avion et l'aéroport font-ils rêver – ou, du moins, ont longtemps fait rêver ?

A. R. : Ils font toujours rêver ! L'avion constitue une rupture énorme dans l'histoire de l'humanité. Cela a toujours été le rêve de l'homme que de voler. Quand les gens arrivent dans l'aéroport, ils sont dans un état d'esprit qui les rapproche de l'infini et de l'éternel. Depuis la naissance de l'aviation civile internationale, il y a une coutume dans les grands aéroports mondiaux : celle d'avoir des aumôniers. À Paris, nous en avons une quinzaine, de toutes les religions : des juifs, des musulmans, des catholiques et des protestants. Ce qui est étonnant, c'est qu'ils se remplacent les uns les autres. S'il y a un voyage pour Lourdes et que le prêtre n'est pas là, les gens ne sont pas mécontents que le rabbin officie. Et *vice versa*. C'est à l'aéroport que le dialogue interreligieux est de la meilleure qualité qui soit.

À ma grande stupéfaction, ce réseau d'aumôniers existe partout dans le monde, à travers l'Association internationale des chapelains de l'aviation civile. L'aéroport, c'est la porte vers le ciel. Peut-être les gens ont-ils peur de mourir ? En tout cas, nombreux sont ceux qui demandent une bénédiction avant de s'envoler.

L. D. : Mais il y a le plaisir particulier de s'élever, de quitter la lourdeur de la condition terrestre. Il y a aussi le plaisir propre à l'aéroport, cette sorte de « non-lieu » où nous sommes en transit, ni tout à fait nous-mêmes, ni tout à fait autres.

A. R. : Il y a de cela. Cet état d'esprit est peut-être ce qui favorise l'acte d'achat. Dans les aéroports, la consommation est surprenante ! L'aéroport, c'est un endroit d'émotions profondes. C'est là que vous retrouvez vos proches ou que vous changez de vie. Dans les films, les divorces, les séparations amoureuses ou les retrouvailles ont souvent lieu dans les aéroports.

L. D. : Il y a le sentiment d'accéder à un certain luxe dans l'aviation. On est content de faire partie des happy few. Ensuite, il y a l'excitation du départ, avec ce sentiment de tout quitter en s'envolant dans les hauteurs. Avec le train, c'est moins fort, mais on la ressent également. Nous sommes des Terriens qui aiment fuir leur condition. Il faut cultiver cette excitation des départs : être présents à ce qui se passe, ne pas l'esquiver en restant le nez sur les écrans.

L'anthropologue Marc Augé décrit l'aéroport comme un « non-lieu » ; le géographe Michel Lussault, lui, parle d'un

« hyperlieu » où tout est concentré – gens, cultures, etc. Notre vision de l'aéroport a-t-elle changé ?

A. R. : Son rôle a évolué. Dans l'Antiquité, les agglomérations se structuraient autour des ports ; au XIXe siècle, autour des gares. Au XXIe, des communautés urbaines émergent autour des aéroports. En 2000, le sociologue John D. Kasarda a théorisé l'« aérotropolis » : un grand aéroport qui innerve les emplois à 80 km à la ronde. Fort de ces 90 000 emplois, l'aéroport de Paris-Charles-de-Gaulle est une aérotropolis qui génère près de 230 000 emplois en Île-de-France, jusqu'en Seine-et-Marne et en Picardie.

Après la Seconde Guerre mondiale, les aéroports étaient gérés par des États ou des collectivités publiques, comme c'est encore le cas aux États-Unis. Leur fonction était de fournir aux compagnies aériennes des pistes et des terminaux. Lorsque je suis arrivé à ADP, le client de l'aéroport, c'était la compagnie aérienne. Nous avons fait un pas en 2015 lorsque nous avons fait admettre à nos équipes que le client de l'aéroport, c'était aussi et surtout le passager. Il faut que ce dernier vive une bonne expérience ! J'ai alors parlé à mes équipes, qui se considéraient comme complexées par rapport au prestige de leurs collègues des compagnies aériennes, et leur ai dit que le service, ce n'était pas la servitude. Nous avons souhaité offrir de meilleurs services, dans un monde aéroportuaire devenu pénible après le 11 Septembre à cause de la multiplication des contrôles. L'aéroport est, de fait, un hôtel où les gens ne dorment pas ; sauf que dans un hôtel, vous ne passez que vingt-cinq minutes dans les parties communes. À l'aéroport, c'est différent. Nous avons voulu améliorer les services : langues parlées, service aux personnes handicapées (comme apporter le fauteuil aux portes de l'avion), tablettes pour les enfants... Nous ne sommes qu'au début de l'histoire des aéroports. Un jour, l'usager aura une expérience sans couture : il pourra passer les contrôles avec une biométrie faciale... et le temps d'attente diminuera partout.

L. D. : De fait, on tend à davantage se sentir dans un lobby d'hôtel dans les aéroports que dans une galerie marchande. Ces lieux de transit, ces « non-lieux », comptent désormais pour eux-mêmes. Il n'est plus si désagréable d'y rester !

Néanmoins, je constate que plus les aéroports et les gares font des efforts pour qu'il soit agréable d'y demeurer, et moins les centres-villes sont agréables. Les centres-villes sont devenus des galeries marchandes bas de gamme – il y a une « cheapisation », une dévaluation de ces centres-villes –, alors que les gares ou aéroports cherchent à devenir des « lieux de vie ».

A. R. : Cela s'explique par la sécurité : dans les zones de transit, elle est totale. Ensuite, l'espace est restreint et la demande s'exprime pour le luxe. J'avais essayé de placer dans nos aéroports des enseignes de milieu de gamme, et cela n'a pas fonctionné : le passager venant de Chine, d'Afrique ou d'Amérique veut ce qu'il y a de mieux. Par ailleurs, les marques de luxe sont exigeantes : elles veulent un endroit nickel, nettoyé tous les jours, avec un cadre d'accueil parfait. L'espace commercial d'un aéroport, c'est un concentré de l'offre de luxe qui, dans une ville, est nécessairement plus disparate et donc moins accessible.

Vous dites que l'aéroport est devenu un lieu plus rassurant que nos centres-villes. Ne sommes-nous pas entrés dans une

société se divisant entre nomades – vivant dans une bulle privilégiée – et sédentaires – soumis à la réalité sociale ?

A. R. : Depuis une vingtaine d'années, avec des taux d'intérêt qui ont été très faibles dans de nombreux pays, nous assistons à une fragmentation des conditions. Si vous avez du capital, sa valeur devient infinie. Mais si vous n'avez pas accès au capital, vous restez là où vous êtes. Cet écartement croissant se reflète dans l'aviation : il y a ceux qui prennent un avion privé et ceux qui ne peuvent pas prendre l'avion. Malheureusement, le transport aérien est souvent considéré comme le bouc émissaire de cette situation, ce qui explique la vigueur des activistes et la volonté de le taxer. On y touche du doigt une inégalité aussi banale que celle qui sépare une personne buvant un Château Lafite Rothschild d'une autre buvant un vin à deux euros cinquante – sauf que cette dernière est plus discrète et demeure à l'écart des regards.

L. D. : Les inégalités, comme celles du voyage, sont archivisibles et insupportables. Les « voyagistes » ont conscience de ce problème. La démocratisation va de pair avec une frustration : elle promet beaucoup (de bonheur, de vacances, de voyages) mais elle ne tient pas toutes ses promesses.

A. R. : L'aéroport n'est qu'un épiphénomène de cette question. Lorsque Tocqueville arrive aux États-Unis en 1831, il constate que la démocratie conduit à l'égalisation des conditions. Avec l'arrivée de l'avion et de l'Internet, nous avons assisté à une égalisation des aspirations. Si vous êtes prospère, que vous venez du Chili ou de Sibérie, vous souhaitez acheter un sac Louis Vuitton, aller à Florence, et si vous êtes très riche, acheter une Ferrari.

L. D. : Le virtuel nous replie sur nous-mêmes, nous enferme dans l'entre-soi. On n'y parle qu'avec ceux qui nous ressemblent. Je prône, au contraire, un état nomade, qui requiert d'accepter l'altérité des rencontres, des contrariétés et de l'inconnu. Là où, hier, on proposait des circuits ou voyages organisés, aujourd'hui, on vend des « expériences », comme si tout devait être merveilleux, sensationnel, de l'ordre de l'aventure. Alors que, en réalité, on ne veut surtout pas l'aventure ; on veut du marketé. En visitant Rome, on vide la ville de sa vie, on la transforme en puzzle : là, la fontaine de Trevi, là, le Colisée, etc. Mais Rome, on ne l'a pas vue. Nomadiser, ce n'est pas enchaîner les expériences comme des « produits », c'est rêver, s'imprégner de l'atmosphère, pas seulement d'un décor.

A. R. : Les réseaux sociaux donnent l'impression à tout un chacun qu'il peut réussir en dansant sur la plage à Dubaï. Cela court-circuite la nécessité de travailler pour accéder à une vie de rentier. C'est terrifiant. Lorsque j'étais jeune, tout cela n'existait pas. Nous savions que si nous voulions être indépendants, il fallait travailler. Aujourd'hui, beaucoup pensent qu'il suffit d'être un peu habile sur Instagram pour accéder à l'aisance matérielle.

On reproche au transport aérien de générer des émissions de gaz à effet de serre excessives. Faut-il limiter le transport aérien – du moins son versant touristique ?

A. R. : Si vous regardez l'histoire sur le long terme, la réponse est non. Le transport aérien va se décarboner. Les technologies sont là. Certes, la technologie de l'avion à hydrogène n'est pas stabilisée, celle des carburants durables n'est pas industrialisée. Néanmoins, je suis convaincu que nous y arriverons à la fin du siècle.

A-t-on le temps d'attendre que l'aviation se décarbone pour avoir un comportement plus modéré ? En consultant les conditions pour être « zéro émission nette » en 2050, et en constatant que le rythme du développement technologique ne garantissait pas d'atteindre cet objectif, j'ai déclaré que je reconnaissais qu'il fallait être sobre. J'ai également dit qu'il serait irresponsable de ne pas admettre qu'un appel à la sobriété était nécessaire pour éviter des mesures coercitives. Il n'est pas inenvisageable que l'on soit obligé de dire aux personnes des pays développés qu'elles ont bien profité du tourisme jusqu'ici et qu'elles ne peuvent plus prendre l'avion que deux ou trois fois par an pour aller à l'étranger. Aujourd'hui, un Indien moyen voyage 28 fois moins qu'un Américain. Or la demande des pays émergents va être exceptionnelle. En Inde, la croissance est de 7 % par an : on n'imagine pas que la croissance du trafic aérien soit inférieure. Cela signifie un doublement du trafic tous les dix ans. C'est ce jeu de contraintes qu'il va falloir gérer.

Un avion sans gaz à effet de serre, est-ce réellement possible ?

A. R. : La réponse est oui. En 2029, il y aura un avion d'affaires à hydrogène propulsé par la pile à combustible, de 1 600 km de rayon d'action à 600 km/h. L'industrialisation est en cours.

L'hydrogène implique une production d'électricité massive, vous répondrait l'ingénieur Jean-Marc Jancovici…

A. R. : Lors d'un colloque sur l'hydrogène, Catherine MacGregor, directrice générale d'Engie, a déclaré que nous étions au même niveau d'agnosticisme sur l'hydrogène que nous l'étions il y a dix ans sur le renouvelable. Aujourd'hui, 50 % de l'électricité espagnole est d'origine renouvelable dont 17 % produite par des panneaux solaires : qui l'eût cru ! Le mérite de Jean-Marc Jancovici, c'est d'avoir pointé les enjeux de l'énergie. Nous aurons exploité en cent cinquante ans un pétrole qui aura mis des dizaines de millions d'années à être constitué.

Serons-nous capables de produire suffisamment d'électricité un jour pour remplacer tous les avions par des avions à hydrogène ?

A. R. : La planète est-elle soutenable avec autant d'humains et de consommation d'énergie ? Lorsque je parle d'incitations fortes à la sobriété, il ne faut pas oublier que ces incitations existent dans tous les autres domaines de l'existence. Dans les produits alimentaires, la consommation de vidéos… Le monde entier va être confronté à la finitude des énergies. Il va y avoir une concurrence très forte pour l'usage de l'hydrogène entre l'avion, le bateau et le train. Le vrai combat des vingt prochaines années, c'est celui de l'utilisation de la biomasse, de l'hydrogène vert, parce qu'il n'y en aura pas assez pour tous ces moyens de transport. Le monde va se bagarrer pour l'électricité verte.

Le biocarburant pose des questions éthiques. Va-t-on devoir choisir entre l'alimentation et le transport ?

A. R. : Le biocarburant le plus élaboré est la combinaison entre du CO_2 et de l'hydrogène vert. Il n'y a pas de conflit d'usage, dès lors que vous avez de l'hydrogène produit par exemple avec de l'énergie solaire, et du CO_2 capté à la sortie d'usine, voire, dans certains cas, dans l'atmosphère. Mais l'industrialisation de ce processus, prévue par exemple par Engie au Havre à l'horizon 2030, est encore sujette à des défis techniques très lourds et pour partie non résolus.

L. D. : Les grands enjeux demeurent l'agriculture et les transports, avec beaucoup de concurrence. C'est comme si le capitalisme déplaçait sa bataille dans les énergies vertes.

Peut-on s'en tenir à la responsabilité individuelle de chacun pour atteindre une certaine sobriété ?

L. D. : Pour être sincère, le mot « sobriété » me pose un problème. J'aime les choses, elles m'attirent. Lorsque j'entends « sobriété », je sens qu'il y a là quelque chose qui va me rendre triste. Le problème de la sobriété, comme de la décroissance, c'est la terminologie, ce sont des termes négatifs. Je parle pour les pays riches : proposer la sobriété à des classes moyennes indiennes ou brésiliennes est hypocrite. Nous avons profité de l'abondance, et maintenant, il faudrait dire aux autres qu'ils ne peuvent pas en profiter ? Je pense qu'il manque un droit de la sobriété, que l'écologie n'a pas encore trouvé sa forme juridique. Il faut une réglementation, pourquoi pas sur le nombre de voyages en avion. C'est désormais la vocation du droit d'imaginer une justice de la sobriété, que ce soit dans le transport, l'agriculture ou l'élevage intensif.

A. R. : Il y a ici un débat de philosophie juridique. Le permis à points permet de mésuser des limitations de vitesse jusqu'à un point où on ne peut plus circuler. Ce que propose Mme Devillairs est un droit à émettre du CO_2 jusqu'à épuisement du crédit. C'est l'idée d'un « crédit social » qui suscite des problèmes importants lorsqu'il s'applique à de nouveaux domaines. Mais en réalité, des méthodes analogues existent déjà ! Vous n'avez pas le droit de construire des piscines n'importe où en Provence, d'artificialiser les sols n'importe comment… Le « crédit social » va s'étendre aux questions écologiques.

Dois-je en déduire que vous êtes favorable à un rationnement du nombre de vols autorisés par personne ?

A. R. : Je suis totalement opposé à une telle simplification du problème. L'aviation est devenue un bouc émissaire. On lui dénie son caractère innovant et sa capacité à se décarboner. Cela nous conduit à être réticents à aborder le problème de manière aussi frontale aujourd'hui. Par ailleurs, si vous commencez à entrer dans un système de coercition, vous aurez des contournements. Si l'on propose trois voyages transatlantiques par an, les gens partiront depuis Madrid ! Il faut faire attention à ne pas soviétiser la société.

Trois voyages transatlantiques par an, c'est déjà beaucoup… Jean-Marc Jancovici parle de quatre vols dans une vie !

A. R. : Je vous provoque un peu !

L. D. : Le droit a bien une partie coercitive. Encore une fois, l'écologie doit déboucher sur la formation d'un droit. Bien sûr, il y aura des contournements, comme pour le permis à points. Le droit a toujours suscité son marché noir.

A. R. : Aujourd'hui, la directive européenne CSRD[1] oblige les entreprises à renseigner potentiellement mille deux cents indicateurs. C'est la partie bureaucratique qui préexiste à un droit potentiel.

1. *Corporate Sustainability Reporting Directive.*

L. D. : Le droit contient cet autre écueil qu'est la bureaucratie. C'est d'ailleurs tout un débat dans l'agriculture aujourd'hui.

J'ai été provocatrice lorsque j'ai dit que j'aimais l'abondance : ce n'est pas la même chose que la surconsommation, loin de là. Par ailleurs, ce n'est pas parce qu'un droit existe que nous n'avons plus besoin d'une conscience morale. Mais la morale n'a jamais suffi pour nous inciter à agir mieux. Nous serions alors, comme le dit Kant, tous des saints, immédiatement porteurs d'une bonne volonté.

A. R. : C'est une étape préalable inévitable. Vous ne pouvez pas faire prendre conscience à une société du besoin de légiférer si elle n'a pas le sentiment que ce droit vient rendre effective une morale virtuelle. Par exemple, les citoyens ont progressivement pris conscience du bien-fondé des limitations de vitesse sous Valéry Giscard d'Estaing. En 1973, seize mille habitants de la ville de Mazamet se sont allongés sur la chaussée pour représenter les morts sur les routes et pour défendre la ceinture de sécurité obligatoire. Il y a d'abord la morale, puis le droit.

Comment une entreprise comme ADP peut-elle formuler ses engagements en matière de RSE dans la mesure où son cœur d'activité est – pour l'instant du moins – polluant ? Récemment, Total s'est mis aux renouvelables ; Phillip Morris s'est donné pour raison d'être d'aider les gens à arrêter de fumer. Serait-il envisageable pour ADP de se donner pour mission de développer le ferroviaire ou encore de faire voyager moins ?

A. R. : Notre raison d'être n'est pas de faire voyager, mais de bien accueillir les voyageurs. Lorsque nous l'avons définie, nous avons pris soin de choisir une formule ne signifiant pas que nous étions là pour développer le trafic. Ensuite, nous développons déjà le transport ferroviaire, notamment pour l'accès aux aéroports. D'ici 2035, nous nous préparons à accueillir deux fois plus de voyageurs dans la gare de Charles-de-Gaulle-2. Nous verdissons nos activités au sol – comme les assistances au sol 100 % électriques. Au Bourget, nous avons été les premiers à développer le SAF[1].

Être une entreprise responsable, c'est être lucide : il ne faut pas jouer avec les chiffres. Nos engagements – comme être zéro émission nette au sol en 2035 à Paris-Charles-de-Gaulle, puis au global en 2050 –, nous les avons fait certifier par le mécanisme SBTi, un organisme tiers qui a vérifié nos propos pour juger de leur crédibilité. Il n'y a pas de contradiction entre le fait d'utiliser des technologies qui demeurent provisoirement polluantes et le fait d'être une entreprise responsable.

L. D. : Ce qu'il faut comprendre d'un point de vue éthique, c'est que nous sommes parties prenantes du monde : il est ce que nous en faisons. Je ne peux pas me déresponsabiliser en demandant à l'avion ou à l'agriculture de me donner ce que je veux, sans me sentir aussi responsable de ce qu'ils font. Il y a là une attitude coupable, qui conduit à faire de l'intérêt général quelque chose qui ne me concerne pas.

A. R. : Tout dépend de la demande ! Lorsque Total Énergies annonce qu'il extraira du pétrole tant que demande il y a, il formule une remarque de bon sens.

1. Biocarburant, ndlr.

L. D. : C'est là où nous sommes responsables. C'est nous qui générons la demande. L'aéroport a aussi un rôle à jouer dans ce que l'on appelle commodément le « surtourisme ». Commodément, car c'est un bouc émissaire facile, le surtouriste, c'est toujours l'autre. Alors que nous sommes tous des surtouristes.

Cela dit, nous pourrions être accompagnés dans un changement d'attitude et de comportement, dès nos premiers pas dans l'aéroport ou à la gare. ADP aurait un rôle éducatif, transformateur, à jouer. Car ADP, c'est une institution, c'est un peu la France. Jeune, je pensais qu'ADP était la République française…

A. R. : ADP était en effet bien un établissement de la République ! Ce n'est une société anonyme cotée en Bourse que depuis 2006. Jusqu'en 2005, c'était un établissement public de l'État. Lors de la privatisation, il y a eu des protestations de députés affirmant : « On ne vend pas la France. »

L. D. : Et pourtant, lorsqu'on y est, on a l'impression que c'est la France. C'est pourquoi ADP a un rôle politique : celui de faire en sorte que dès l'arrivée à l'aéroport, on comprenne que les Français voyagent différemment. L'expérience de Paris, d'ailleurs, commence à l'aéroport. Il s'agit de voyager moins, mais mieux. Voir le plus de choses possible en peu de temps, collectionner les expériences qui, en réalité, n'en sont pas, ce n'est pas souhaitable. Ce n'est pas vraiment voyager.

A. R. : Lorsqu'on voit décoller les fusées d'Elon Musk, on se dit qu'il ne faut pas cesser de croire en la possibilité d'un avion décarboné. Mais en attendant, nous devons accepter d'avoir recours soit à la morale, soit à des coercitions. Pour passer du point A, qui est une aviation carbonée à 95 %, au point B, qui est une aviation carbonée à 5 %, il faudra s'autolimiter dans certains pays.

L. D. : J'ajoute que la conviction qu'il peut exister une technologie responsable va de pair avec la foi en l'individu comme porteur d'une conscience morale : tout ne se fait pas, tout ne se vaut pas.

« Pour réduire notre bilan carbone,
il est nécessaire d'intégrer
le coût de la transition
dans l'acte de consommation »

Enrique Martinez

« L'humain a une part de manque,
qui le constitue et en même temps
le déstabilise. La société de consommation
joue sur ce manque,
en donnant l'illusion de le combler »

Mazarine M. Pingeot

Enrique Martinez *est directeur général de Fnac-Darty depuis 2017. Diplômé en économie et de l'IESE Madrid, il a rejoint la Fnac en 1998. En 2025, il est aussi devenu président d'Unieuro en Italie.*

Mazarine M. Pingeot *enseigne à Sciences-Po Bordeaux. Elle est l'autrice d'une vingtaine de romans et d'essais dont les derniers en date :* Le Salon de massage *(Mialet Barrault, 2023),* Vivre sans, une philosophie du manque *(Climats-Flammarion, 2024) et* 11 Quai Branly *(Flammarion, 2024).*

Peut-on concilier technologie et sobriété ?

Enrique Martinez et Mazarine M. Pingeot

Notre désir effréné de consommer semble avoir été multiplié par le développement du e-commerce. La technologie aurait-elle pour pendant inévitable de nous faire vivre dans l'illusion que nous pouvons avoir accès à tout et n'importe quoi en un temps record – et que nous pouvons acheter des produits à l'autre bout du monde sans nous préoccuper de l'impact de nos comportements sur le climat ? Sommes-nous véritablement incapables de vivre avec moins ? Faut-il responsabiliser les consommateurs ou encadrer le commerce international pour faire face aux enjeux écologiques ? Mazarine M. Pingeot, philosophe et autrice de l'essai *Vivre sans*, en discute avec Enrique Martinez, PDG de Fnac-Darty.

D'où vient notre besoin effréné de consommer ?

Enrique Martinez : Je ne crois pas que la consommation soit forcément négative et que la technologie ne nous apporte que de mauvaises opportunités. Nous avons fait évoluer les villes, la technologie, l'éducation ; nous avons étendu le domaine de la culture et de l'information, réservé aux privilégiés il y a encore une centaine d'années. Le modèle économique qui a permis cette extension y est pour une grande part. Mais les choses se sont probablement déréglées à un moment donné. Les effets pervers que l'on observe aujourd'hui se caractérisent par un accès au produit totalement banalisé : nous sommes entrés dans l'économie du jetable. C'est le défaut de la globalisation : nous n'avons pas fait attention à la totalité des coûts qu'elle induisait.

Mazarine M. Pingeot : Il faut dire oui au progrès, à une forme de prospérité, de vie plus agréable, plus vivable. Mais avec la révolution industrielle et la production de masse, en effet, quelque chose s'est inversé. Dès lors que la consommation devient trop facile, on finit par banaliser l'objet même qu'on consomme, par le dissoudre dans le geste même de la consommation. Cet emballement nous inscrit dans une sorte de non-temporalité, une négation du temps. C'est ce qui fait qu'on a autant de mal à prendre en compte les déchets, car les déchets sont de l'ordre de l'avenir. Tant que ce n'est pas sous nos yeux, c'est extrêmement compliqué d'arriver à sortir de ce cycle de consommation en perpétuel renouvellement, qui s'infléchit par aveuglement vers la possibilité d'un non-renouvellement. Pourquoi l'être humain a-t-il besoin de consommer ? D'abord, je viens de le dire, parce que c'est un être vivant. Il faut garder en tête que la consommation fait partie du cycle biologique. L'humain est fait pour consommer, comme tout animal. C'est une sorte de temporalité circulaire. Ensuite, malgré tout, parce qu'il est mortel. Enfin, parce qu'à la naissance il est dans une dépendance totale. L'humain est toujours manquant : il est obligé de sortir du cycle naturel pour construire, inventer, symboliser, créer, etc. Cette part de manque le constitue et en même temps le déstabilise. La société de consommation joue précisément sur ce manque, en donnant l'illusion de le combler. Mais au lieu de donner de la reconnaissance, du sens, etc., elle donne des choses, des objets. La consommation est donc une mauvaise réponse à un besoin tout à fait réel.

On répond à un manque d'être par un manque d'avoir ?

M. P. : Oui, et à partir de là, tout s'emballe : n'importe quel avoir peut être remplacé par un autre. Je pense que le manque est une caractéristique anthropologique essentielle. Il faut donc tenter de le penser à différents niveaux, politique, sociétal, mais aussi sur le plan trivial du consumérisme et à l'autre bout du spectre, celui plus fondamental de la métaphysique. Notre économie de marché a trouvé une réponse à la fois satisfaisante à la question du « sans », dans le sens où elle fonctionne, et néanmoins insatisfaisante, dans le sens où elle a une sorte de prétention totalitaire. Non pas d'un point de vue politique, mais dans la mesure où elle s'infiltre partout, jusque dans les dimensions non marchandes. Je crois qu'il faut revaloriser le manque, sans chercher à le combler.

E. M. : L'usage des objets est dévoyé. Lorsque le téléphone est arrivé, cela donnait un certain statut d'en posséder un. La consommation vient toucher à la personnalité et répond à un besoin d'affirmation. Or, la possession peut s'avérer décevante par rapport à l'acte d'achat. Satisfaire son désir d'acheter peut provoquer plus d'angoisse que de réconfort. C'est le paradoxe : il y a une forte excitation au moment de l'achat, qui peut ne pas durer et finalement laisser un vide, un peu comme une sorte de « dépression postachat ». Le marketing a joué un rôle très important dans la création de ces pulsions de consommation, qui souvent ne sont pas liées aux besoins. Mais pour moi, toute la consommation n'est pas à mettre sur le même plan.

M. P. : Ce que vous dites sur la dépression postconsommation me fait penser au dialogue intitulé *Gorgias* dans lequel Platon oppose Socrate à Calliclès. L'un dit : « On est heureux lorsqu'on n'a plus de désir », et l'autre répond qu'au contraire le désir reste toujours central. Cette question est fondamentale. J'ai une fois discuté avec quelqu'un qui travaillait avec des drogués dans un hôpital : il me disait que ce qu'ils recherchent, ce n'est pas le shoot mais cet état de manque qui va bientôt être comblé. Cela correspond bien à l'idée d'un manque constitutif de notre être. Il faut regarder Don Juan comme un collectionneur, un drogué !

En quoi la technologie favorise-t-elle l'hyperconsommation ?

M. P. : La logique consumériste est comme un tonneau des Danaïdes, qui doit sans cesse être rempli parce qu'il s'écoule indéfiniment. Avec le e-commerce s'ajoute l'idée que je peux vivre dans ma chambre. Par définition, les technologies ne favorisent pas l'altérité ; or c'est très grave de ne plus être en lien avec les autres, cela constitue un grand danger pour le politique en général. Il y a là une déréalisation totale du désir, qui n'a plus le temps de grossir ou de prendre des chemins différents. On a l'impression qu'on peut accéder immédiatement à tout. C'est extrêmement pervers. Comment le désir peut-il survivre à cette facilité ?

E. M. : L'avènement du e-commerce a profondément modifié notre rapport à la consommation et à la possession. L'ultrafacilité d'achat, la possibilité d'être livré en vingt-quatre heures, de retourner n'importe quel produit sans frais… Cette dédramatisation de l'acte d'achat pousse à l'hyperconsommation.

M. P. : Le plus pervers dans les nouvelles technologies, c'est qu'elles se font oublier. Elles demandent pourtant des développements extraordinaires, des codeurs, tout un travail et beaucoup d'énergie. Elles constituent une énorme médiation, or plus il y a de médiations invisibles, plus nous sommes dépendants. Dans le mythe de Prométhée, c'est l'homme qui invente la technologie ; aujourd'hui, on n'est plus obligé de l'inventer parce qu'on la consomme… et parce que certains l'inventent pour nous. Cela nous rend très passifs et nous fait perdre ce qu'étaient les prérogatives de l'homme. Ce phénomène risque de s'aggraver avec l'intelligence artificielle. L'intelligence humaine, ce n'est pas ajouter du savoir au savoir, mais introduire du vide, une question, c'est-à-dire du manque. Il nous faut préserver cette capacité à prendre conscience, à faire cet écart par rapport au plein, à la profusion de choses auxquelles on a accès – le savoir, les biens de consommation, etc.

E. M. : La médiation a toujours ses risques : celui qui prescrit peut imposer sa vision du monde et ses valeurs. Ça a toujours existé. La différence, c'est que la technologie actuelle permet de toucher un public beaucoup plus large, à l'échelle de la planète, et que les producteurs de technologies évoluent dans un contexte oligopolistique. Avant, on avait 6 000 librairies avec 6 000 libraires qui défendaient leurs choix. Aujourd'hui, vous passez par une tuyauterie d'informations et d'algorithmes insondables, un peu comme des boîtes noires, où deux ou trois acteurs dominent l'information. Cette hyperconcentration des pouvoirs d'influence représente un danger car elle peut avoir des conséquences pour des milliards de personnes sur la planète. Il y a cependant une prise de conscience, notamment européenne, de la nécessité de prendre position. Face à ces monopoles ou duopoles, les régulateurs essayent d'intervenir.

En quoi une entreprise comme Fnac-Darty peut-elle contribuer à lutter contre l'hyperconsommation ?

E. M. : L'industrie des déchets électroniques produit chaque année cinquante millions de tonnes de déchets. On ne peut plus ignorer que depuis des années, c'est parmi les grands pollueurs de la planète. Il ne faut pas tomber dans le défaitisme ou le « victimisme » de l'écologie radicale. Mais il ne faut pas verser non plus dans le déni de réalité. Il faut trouver une voie intermédiaire afin d'avoir un impact positif. Cette voie est loin d'être évidente, mais elle vaut la peine d'être essayée. Or, les groupes qui dominent aujourd'hui le marché dans le monde ignorent complètement la question. Nous sommes presque les seuls à pouvoir sonner l'alerte pour changer de modèle, parce que nous sommes européens et français et parce que nous croyons beaucoup à l'importance d'avoir des marques locales qui véhiculent des principes et des valeurs de responsabilité et d'engagement. Mais nous sommes face à des groupes mondiaux qui dominent la planète, et il y a malheureusement très peu d'entités comme nous qui parviennent à résister. L'enjeu est de réussir à conserver notre capacité d'action et de transformation face à cette domination globale.

Peut-on se contenter d'informer les consommateurs des effets délétères de leur consommation ? Mazarine M. Pingeot,

vous critiquez ce que vous appelez le marketing du « sans ». De quoi s'agit-il ?

M. P. : Je parle de la mode des produits « sans sucre », « sans huile de palme », etc. Il s'agit d'un tour de passe-passe qui consiste à transformer le « sans » en valeur ajoutée. Ce qui fait que l'on achète du « rien », ce qu'il n'y a pas. C'est une dialectique redoutablement perverse dans la mesure où, en nous faisant acheter ce qu'il n'y a pas, comme des ingrédients toxiques, on gagne un statut de consommateur engagé à peu de frais. La santé est devenue une valeur, et une valeur marketing en particulier. Lorsqu'on consomme sans, c'est à la fois au nom de l'écologie et au nom de la santé. En introduisant de l'éthique dans la valeur ajoutée d'un produit, on désengage les citoyens. On leur dit : « Si vous êtes prêts à mettre un peu plus cher, vous avez votre pastille de citoyen engagé, vous avez travaillé pour la planète, pas la peine d'en faire plus. » C'est une manière de reconduire le système consumériste, mais en toute bonne conscience.

E. M. : Ce phénomène du « sans » est une manière pour l'industrie d'éviter que les consommateurs découvrent qu'ils n'ont pas besoin de ces produits. C'est aussi une manière de choisir à la place du consommateur ce dont il a réellement besoin. Mais en faisant cela, on déresponsabilise le consommateur. On lui dit : « Vous pouvez faire ce que vous voulez sans en payer les conséquences. »

M. P. : Si l'éthique devient une affaire de marketing, alors je pense qu'on a quelques soucis à se faire. Car l'éthique, par définition, exige de nous à la fois une réflexion critique et un effort. Comment arriver à faire en sorte qu'on puisse être dans un réel engagement au lieu de simplement avoir la conscience tranquille parce qu'on aura payé un peu plus cher ? Car il y a là un problème : dans ce système, seuls les mieux pourvus peuvent accéder à l'éthique. Comment penser un engagement qui ne recrée pas des formes d'inégalité ?

E. M. : Je suis d'accord. Les réflexions sur les enjeux écologiques ne doivent pas être l'apanage uniquement des classes aisées. Il faut que la transition écologique soit finançable et abordable pour la majorité. La réparation, typiquement, est très vertueuse : elle permet d'allonger la durée de vie des produits tout en redonnant du pouvoir d'achat. Dans le cycle de vie d'un produit, c'est la fabrication qui a l'impact le plus négatif. Réparer son produit est un écogeste au résultat immédiat.

M. P. : Aujourd'hui, on individualise beaucoup la responsabilité. C'est-à-dire que chacun, y compris le consommateur, est responsable de son achat, ce qui est évidemment vrai. Mais c'est insuffisant. On ne peut pas demander aux individus d'être responsables de la crise climatique. Il faut aussi qu'il y ait des structures qui rendent l'engagement possible. Cela vaut aussi bien dans la consommation à grande échelle que pour les nouvelles technologies.

Quelles seraient les mesures sérieuses qui pourraient inciter les gens à consommer moins ?

E. M. : La réponse à cette question n'est pas simple. D'abord parce que nous vivons dans une représentation du monde qui peut amener à penser que tout va bien. On a façonné une sorte de zone aseptisée où tous les effets pervers de la consommation ou du traitement de déchets ont été masqués. Or les effets du dérèglement climatique sont bien réels. Les consommateurs sont complexes. Leurs comportements peuvent entrer en contradiction avec leurs principes. Je pense qu'il faut les aider à avoir un comportement plus responsable par l'information, par la pédagogie, mais également par l'incitation. Ça ne signifie pas qu'il faut interdire certains comportements, mais faire en sorte que chacun assume les conséquences de ses actes. Aujourd'hui, on se contente de payer les coûts de fabrication et de commercialisation des produits, peu importe les conditions dans lesquelles ils ont été produits. On n'intègre pas les coûts de la réparation et du recyclage. Ce modèle déséquilibré a fait son temps. Il y a des options, comme l'impôt carbone ou des taxes pour investir dans le recyclage. Les produits seront un peu plus chers parce qu'ils intégreront la totalité des coûts pour la planète et pour la société. Cela aura un effet de rationalisation et de retour à l'essentiel, avec plus d'espace pour l'économie circulaire ou la réparation. Ce ne sera pas la fin de la globalisation : il s'agit juste d'instaurer des freins pour rééquilibrer les modèles économiques à l'avenir. Pour éviter de tomber dans une dictature où on dira aux gens ce qu'ils peuvent et ne peuvent pas faire, il faut que l'économie de marché puisse jouer un rôle contraire à celui qu'elle a joué jusqu'à aujourd'hui.

M. P. : Intégrer ce coût, n'est-ce pas mettre un terme à une forme de consommation exponentielle ? Est-ce que vous ne vous tirez pas une balle dans le pied en prônant de tels modèles ?

E. M. : Non, je pense qu'on doit revenir à un modèle beaucoup plus rationnel. D'ailleurs, malgré la surconsommation, le commerce aujourd'hui est en souffrance. Ce n'est pas une industrie prospère : il n'y a pas de croissance, sauf dans quelques secteurs. Aujourd'hui, on veut réparer plus et vendre moins. À nous de trouver un modèle économique pour ne pas disparaître.

M. P. : Est-il vraiment possible d'intégrer les externalités négatives dans le prix dans un marché international concurrentiel ?

E. M. : Je pense qu'il y a aujourd'hui un réveil. Je vois ce qu'on fait dans l'automobile, par exemple, ou dans d'autres domaines, pour protéger socialement le tissu industriel. On veut imposer des normes européennes pour l'agriculture, par exemple. On est en train de dire qu'on ne veut pas importer la viande de pays extra-européens parce qu'elle ne respecte pas certaines normes. Si tout le monde respecte les normes, cela va ajuster la production. Pourquoi ne pas appliquer ce principe à tous les biens de consommation, y compris l'électronique et l'électroménager ?

Vous vous méfiez tous deux du concept de décroissance. Pourquoi ? Peut-on imaginer une sobriété heureuse ?

M. P. : Je suis toujours méfiante vis-à-vis des dogmes et des grands mots qui expliqueraient tout. C'est un manque de réalisme. Il y a un divorce entre les intellectuels, les industriels et les politiques. Pour caricaturer, il y a ceux qui savent comment les choses se font vraiment et ceux qui réfléchissent. Ces derniers auraient intérêt à se rapprocher du monde de la production et des échanges pour mieux en appréhender la complexité, ce qui éviterait les écueils d'une pensée radicale. Qu'il y ait des militants de la décroissance, très bien. Il faut que cette voie-là existe, ne serait-ce que pour l'inclure dans le débat public. Cela peut donner une sorte de ligne d'horizon à l'intérieur de laquelle on va essayer de penser les changements économiques. Mais je ne crois pas que la sobriété puisse être heureuse, ni que ce récit soit capable de fédérer les foules. On n'a pas encore trouvé le récit pour demain. Ce serait un récit qui donne envie de s'engager, de sacrifier des choses, de souffrir, parce que ce sera forcément difficile.

E. M. : Je n'adhère pas aux grands dogmes comme la décroissance, l'effondrement. On croirait la bande-annonce d'un film apocalyptique. On parle quand même de quelque chose qui peut amener des centaines de millions de personnes à avoir d'énormes problèmes pour se nourrir chaque jour. Ce sont des questions très sérieuses. Il faut trouver un chemin qui nous amène à réduire les impacts négatifs. Qui payerait les effets de cette décroissance ? Qui seraient les premiers exposés ? Si l'État disparaît ou fait banqueroute, qui se trouvera tout de suite en grave difficulté ? Je trouve trop simple de dire : « On n'a qu'à faire ça. » On est dans une espèce de mirage : autour de nous tout va bien, et tout ce qui est loin de nous ne nous intéresse pas. Je n'ai pas envie de jouer avec le feu avec ce type de concepts qui, à mon avis, est assez dangereux.

M. P. : Le récit de la décroissance a un gros défaut. D'abord, il ne se pense que par rapport à la croissance. Ce n'est pas un autre paradigme ; c'est un paradigme inversé. Dans sa pensée, elle est dépendante de la croissance, ce qui est une faiblesse théorique. L'idée, c'est de changer de rapport au monde. Pour l'instant, le grand récit qui nous ferait changer de rapport au monde, je ne l'ai pas encore lu ! En attendant, il vaut mieux s'inscrire dans une réflexion réaliste qui essaye de prendre tous les facteurs en main. Bien sûr que l'écologie doit guider nos actions, mais à quel prix ? Si l'on ne prend pas le facteur social en compte, rien de bon ne se fera. Je pense que le capitalisme a bien fonctionné parce qu'il allait titiller la dimension du manque. On ne peut pas être heureux juste parce qu'on ne consomme pas. De la même manière qu'on ne peut pas être heureux juste parce qu'on consomme.

Quel est le rôle de la puissance publique dans la diminution de l'hyperconsommation ? Doit-elle s'en tenir à l'incitation ou bien faut-il aussi des mesures de coercition ?

E. M. : Il faut respecter la liberté individuelle, à condition que tout le monde assume les conséquences de ses choix. Nous sommes en train de prendre des engagements pour réduire nos bilans carbone. C'est une manière de dire que la production de carbone a un coût pour la planète. Mais il faut être capable de le financer. Et pour cela, il est nécessaire d'intégrer le coût de la transition dans l'acte de consommation.

Dans votre livre, vous évoquez la possibilité d'instaurer un « quota carbone » par individu. De la part d'un PDG, c'est assez surprenant. En quoi cela consiste-t-il ?

E. M. : Il s'agit de s'obliger à une espèce de comptabilité individuelle de la consommation personnelle de carbone. Si l'on dépasse un certain seuil, cela peut avoir des conséquences négatives. Je ne parle pas d'interdire : si vous consommez trop d'eau l'été parce que vous avez une piscine, on ne va pas vous demander d'arrêter de boire. Mais il faut renoncer à l'idée que les ressources sont illimitées. Ce n'est pas vrai. Chacun d'entre nous doit rationaliser son mode de vie et ses consommations.

Vous allez jusqu'à dire que notre bilan écologique pourrait un jour se retrouver sur notre feuille d'impôt, c'est-à-dire qu'on serait davantage imposé si on a un mauvais bilan carbone…

E. M. : Avant d'en arriver à cela, on pourrait déjà simplifier les choses. Il est absurde qu'il soit aujourd'hui moins cher d'envoyer un produit de Shenzhen à Paris que de Paris à Lyon. On fait transiter des millions de colis remplis de produits sans valeur et qui ont été produits avec une énergie polluante. Une fois sur deux, ces produits ne fonctionnent pas et il faut alors les recycler. Soit on introduit des taxes, soit on ferme les frontières et on construit tout dans nos territoires, ce qui, nous le savons, est totalement impossible.

M. P. : Mais dans ce cas-là, il faut quand même que le prix de l'avion soit beaucoup plus conséquent !

E. M. : Évidemment. Le secteur du tourisme est un bon exemple de dysfonctionnement. Pour la location des logements de vacances, on a créé un modèle de plate-forme extrêmement attractif pour les touristes et pour des investisseurs financiers mais cela a généré un très grand nombre d'externalités négatives qui ne sont pas prises en compte dans le *business model* global. L'utilisateur final n'a pas conscience des conséquences de son choix.

M. P. : Il y a aujourd'hui un découpage nouveau de la responsabilité. Tout est dilué, plus personne n'est responsable de rien. La solution ne peut être que politique.

E. M. : Le tourisme est un secteur très porteur, je ne le nie pas, mais le modèle s'est déréglé, il n'y a pas si longtemps. Dans certains centres-villes touristiques, acheter son appartement, pour un local, est devenu inaccessible. Les prix explosent. Le marché immobilier repousse les gens de plus en plus loin. Nos sociétés souffrent de la pauvreté du débat public, de la communication démagogique.

M. P. : C'est un monde fait pour quelques-uns seulement, pour une nouvelle aristocratie.

Jusqu'où les pouvoirs publics peuvent-ils aller dans l'interventionnisme pour pallier ces effets pervers ?

M. P. : Je pense qu'il faut une forme de coercition. La liberté n'est pas absolue, contrairement à la croyance anglo-saxonne qui consiste à dire : « La liberté, c'est l'indépendance, je peux faire tout ce qui me chante. » Non, la liberté s'arrête là où commence celle de mon voisin. Le sens même de la liberté politique, c'est de ne pas être illimitée. C'est même de s'autolimiter. La liberté, c'est l'autonomie, c'est-à-dire que j'obéis à mes règles. Pas les miennes en propre, mais à des règles décidées collectivement. Contraindre ne veut pas dire limiter la liberté. C'est un contresens. La liberté d'expression excessive aux États-Unis n'est pas une liberté, c'est une liberté de la pulsion car elle n'est pas examinée. C'est comme notre corps et ce qu'on appelle le « capital soleil ». On a un capital, notre corps. Et il est limité dans son exposition au soleil. S'il y avait eu à mon époque une politique de santé publique consistant à dire : « Attention au soleil, c'est mauvais, ne vous exposez pas sans crème », on aurait un capital peut-être plus important aujourd'hui. C'est la même logique. Cela nous paraît plus normal quand c'est notre corps qui nous fixe la limite. Mais une limite du carbone est tout à fait envisageable. Ce sera un combat politique. Reste la question de l'échelle : à quel niveau de régulation est-on vraiment efficient ? Le niveau de l'État semble aujourd'hui trop faible. Je crois beaucoup en l'Europe et en sa capacité à réglementer. Si l'on veut faire face aux Gafam, il faut quand même avoir des atouts. Et, après tout, l'eau, l'air, etc., ne s'arrêtent pas aux frontières de nos États-nations. À un moment donné, il faudra qu'il y ait une réflexion commune. Le malheur, c'est que les institutions internationales finissent toujours par se coucher devant la volonté d'un État de se retirer. Soit une menace mondiale fera taire les réticences, soit on suivra la proposition du philosophe Pierre Charbonnier, pour qui il faut revenir à une géopolitique des puissances et intégrer le combat écologique à l'intérieur même de ce rapport de force.

E. M. : On y arrive, à l'universalisme !

M. P. : L'Europe existe dans cet horizon. *De facto*, c'est ce modèle-là qui semble l'emporter.

E. M. : En tout cas, l'Europe doit aller beaucoup plus loin dans la réglementation pour que tous les grands groupes soient alignés. Et si ce n'est pas possible, il faut au moins faire respecter nos règles sur l'ensemble du marché européen. C'est pour moi l'unique manière d'avoir un réel impact.

Donald Trump, paradoxalement, ne va-t-il pas contribuer à diminuer les émissions de carbone en imposant une nouvelle forme de protectionnisme ?

E. M. : Ce n'est pas impossible, même si ce serait une drôle de ruse de l'histoire ! Mais à une condition : que l'activité rapatriée dans les pays le soit avec des normes qualitatives.

Les États-Unis veulent rapatrier la production industrielle, mais dans le même temps, ils oublient toute ambition climatique. Pour revenir à la question du législateur, je pense qu'il faut créer les conditions pour que cet écosystème puisse se développer. De la même manière que l'on protège le cinéma français face aux studios d'Hollywood, il faut aménager un espace pour cela.

Il faudrait donc instaurer une sorte d'« exception écologique » européenne pour les biens de consommation, sur le modèle de l'exception culturelle française ?

E. M. : Dans un monde globalisé, vous ne pouvez pas affronter la concurrence d'acteurs présents sur un marché vingt-cinq fois plus grand que le vôtre, si le cadre réglementaire n'est pas strictement le même pour tous. Si le législateur y croit vraiment, il faut envoyer des signaux forts.

M. P. : En tout cas, il faut agir et donner de l'espoir. Mes étudiants sont pour la décroissance parce qu'ils n'ont pas encore intégré tous les paramètres. Mais ils sont très concernés. Si les décideurs politiques ne le sont pas, eux le sont. Il faudrait développer une pédagogie qui ne cède pas au simplisme peu efficace du militantisme, qui montre que ça va être compliqué, qu'il faudra en payer le prix, mais qu'il y a une voie.

« Il faut dédramatiser
l'intelligence artificielle :
il s'agit d'apprendre à utiliser
ces outils, comme les smartphones
ou le PowerPoint »

Anne Bouverot

« Avec l'IA, on a ressuscité le sentiment
d'une résolution possible de la totalité
des problèmes qui se présentent à nous.
L'illusion est là »

Raphaël Enthoven

Anne Bouverot *est envoyée spéciale du président de la République pour le Sommet pour l'action sur l'intelligence artificielle (AI Action Summit) et présidente du conseil d'administration de l'École normale supérieure (ENS-PSL).*

Raphaël Enthoven *est écrivain, professeur de philosophie et éditorialiste à Franc-Tireur. Il a récemment fait paraître* L'Esprit artificiel *(Éditions de l'Observatoire, 2024).*

Où nous emmène l'IA ?

Anne Bouverot et Raphaël Enthoven

L'IA fascine autant qu'elle fait peur. Quelles sont ses compétences exactes ? Est-elle capable de faire preuve de créativité ? Y a-t-il des choses que nous ne pourrons jamais lui déléguer ? Dans son essai *L'Esprit artificiel*, le philosophe Raphaël Enthoven est clair : jamais l'IA ne remplacera l'humain. Qui d'autre qu'Anne Bouverot, envoyée spéciale du président de la République pour le sommet sur l'IA, pour en débattre avec lui ? Dans ce dialogue, l'ingénieure et le philosophe soulèvent nombre de questions – y compris la difficulté à définir à quoi pourrait ressembler une IA « éthique ». Quelles solutions d'avenir devraient être privilégiées dans un monde éclaté, dans lequel la technologie devient un enjeu de pouvoir et de souveraineté ?

Pourquoi sommes-nous fascinés par les derniers développements de l'IA ?

Anne Bouverot : Il y a deux choses. La première, c'est l'interface, la langue. L'IA manie les mots que nous utilisons pour parler les uns avec les autres. Je pense que cela joue beaucoup dans notre fascination. Au moment de la sortie de ChatGPT, tous les médias anglo-saxons se sont mis à en parler, mais pas en France. On en a parlé seulement lorsque la version française est sortie – parce que l'IA produit du texte qui a un sens quand on le lit.

Deuxièmement, les développements récents sont particulièrement impressionnants. Ce n'est pas uniquement sa capacité à générer des mots et des phrases, c'est aussi de voir par quoi, statistiquement, elle complète lorsqu'on dit par exemple : « Paris est la ville de… » Paris est la ville de la mode, de l'amour, de la culture : statistiquement, des éléments caractéristiques très probables vont émerger. Or en mettant toujours plus de données et de puissance de calcul, on obtient désormais des choses qui ressemblent à des concepts, on parvient aujourd'hui à un niveau d'agrégation supérieur. Cela se rapproche de la manière dont on perçoit, en mathématiques – car je ne suis pas philosophe –, l'intelligence et le développement de la pensée.

Raphaël Enthoven : Cette question n'est pas secondaire, mais passionnante. L'intelligence artificielle bouleverse considérablement tous les champs de compétences, de façon définitive. Nous sommes face non pas à une révolution (ce qui impliquerait un retour au point de départ), mais à une avancée irréversible.

Reste qu'il demeure en chacun de nous un élément singulier qui ne peut pas faire l'objet d'une synthèse par la technique. La conversation que nous avons maintenant peut elle-même faire l'objet d'une mise en diagrammes, en équations, en statistiques. On en tirerait peut-être des informations intéressantes : la façon dont nous parlons, les adjectifs dont nous nous servons, toute une série de données. Mais on serait bien en peine de reproduire la discussion elle-même à partir de la seule compilation de ces données. C'est une limite absolue.

Est-il pertinent de comparer les performances d'une IA à celle des humains ?

A. B. : En faisant mes études de maths, je me suis assez vite rendu compte que les calculatrices calculaient bien mieux que moi. Je n'ai jamais vu cela comme une perte d'humanité. C'est vrai aussi pour la robotique : je ne peux pas soulever cinquante kilos !

R. E. : En effet, ce n'est pas la question. Les charrues portent bien plus de choses que nous. Le cheval court plus vite que nous. La machine est plus forte que l'humain depuis toujours. C'est même sa raison d'être.

Qu'est-ce que l'IA ne peut pas faire à notre place ?

R. E. : Avec l'IA, on a ressuscité le sentiment (vieux comme la technique) d'une résolution possible de la totalité des problèmes qui se présentent à nous. L'illusion est là. Dans le fait de croire que nos problèmes sont solubles dans une invention. On ne demande pas à l'IA, sous peine de scientisme, de nous apprendre à aimer ou bien à penser.

Prenons l'enseignement de la philosophie : ce qui se passe entre un élève et un professeur – la maïeutique –, une IA ne peut pas le synthétiser. La transmission elle-même est intransmissible. Rien ne remplace un professeur qui, contrairement à l'IA, transmet des questions plus que des réponses, et un sens de l'étonnement plus qu'une foi dans la résolution ultime des problèmes.

Au-delà de la philosophie, on retrouve cette limite, que j'appelle la singularité, dans la pratique médicale. Grâce à l'intelligence artificielle, le médecin se voit nanti de capacités prédictives extraordinaires. Mais elles n'estompent pas sa responsabilité dans le choix d'une stratégie thérapeutique. Bref, on ne se débarrassera pas si facilement de l'humanité !

Sommes-nous capables d'imaginer ce que l'IA pourra faire dans le futur ?

A. B. : Il y a des choses dans les derniers modèles d'IA qui ont surpris même les chercheurs et les ingénieurs qui les ont mis en œuvre. En réalité, nous ne savons pas exactement comment ça marche. Certains disent que c'est la première fois dans l'histoire de l'humanité que de telles avancées se produisent sans qu'on les comprenne totalement, mais ce n'est pas vrai : il y a beaucoup de domaines dans lesquels nous ne savions pas comment les choses marchaient au moment où nous les avons inventées, comme l'aspirine par exemple. On a commencé à s'en servir en mettant en place des procédures pour comprendre leur utilité et les usages à éviter. C'est comme cela que l'on parvient à avancer.

En mathématiques, on nous apprend à n'avoir qu'une seule réponse. Et s'il y en a plusieurs, à ne conserver que la plus élégante. En informatique, il y a plusieurs manières d'écrire un programme, mais on essaye d'obtenir un résultat particulier. Là, en intelligence artificielle, nous ne savons pas complètement pourquoi, en mettant énormément de données et de puissance de calcul, nous obtenons des résultats que nous n'avions pas prévus, c'est une sorte de loi d'échelle.

Pour l'instant, même si nous arrivons probablement à une certaine limite, les lois d'échelle fonctionnent : les résultats ne sont pas un simple perfectionnement de ce que l'on obtenait avant. On fait des bonds qualitatifs. Par exemple, ce passage de la génération de textes très cohérents à celle de concepts et de manières ressemblant à la réflexion et au raisonnement, ce n'était pas prévu : c'est une capacité supplémentaire. Je ne sais pas exactement ce qu'on trouvera d'autre en termes de capacités, mais c'est déjà impressionnant.

Est-ce que cela va continuer ? On parle souvent de la loi de Moore, selon laquelle la capacité de calcul des ordinateurs augmente de manière exponentielle…

A. B. : La loi de Moore fait partie de ces lois dont on pense qu'elles continueront à se vérifier parce qu'elles se sont vérifiées jusqu'à présent. Mais les arbres ne montent pas jusqu'au ciel ! Pour l'instant, les systèmes d'IA continuent à faire des progrès, à mesure qu'ils utilisent davantage de puissance informatique et de données, ce qui consomme beaucoup d'énergie.

R. E. : Dans le sillage de ce que vous dites, j'aurais tendance à distinguer effectivement ce qui paraît temporairement hors d'atteinte de ce qui paraît durablement hors d'atteinte. Ce qui est temporairement hors d'atteinte, je dirais que c'est tout ce qui est complexe. Car toute complexité est à portée d'intelligence artificielle, ou de technique. La complexité peut être infinie, mais elle n'est pas un graal.

Y a-t-il des choses que l'IA ne pourra *jamais* faire à notre place ?

R. E. : Ce qui me paraît hors d'atteinte, c'est ce que j'appelle la simplicité. J'appelle simplicité tout ce qui ne s'explique pas sans se perdre. Tout simplement. Le premier exemple qui me vient à l'esprit, c'est l'amour. Si vous expliquez l'amour, vous tuez l'amour. Si votre sentiment se réduit à une série causale, alors le jour où ces causes s'estompent, l'amour est terminé. On n'aime pas parce que l'autre est beau, riche, sympathique, laid ou charmant. On aime parce qu'on aime. Les raisons qu'on donne à l'amour n'épuisent pas le sentiment d'aimer. C'est ce que j'appelle le simple.

Je prendrai deux exemples pour vous donner une meilleure image de ce que j'appelle simplicité. La beauté, d'abord. Lorsque vous contemplez un coucher de soleil, vous dites : « C'est beau. » Vous ne dites pas : « Je trouve ça beau. » Vous parlez spontanément au nom de l'humanité entière. Autrement dit, l'émotion que vous ressentez se présente à vous comme spontanément communicable, évidente, tout en étant non conceptuelle. La beauté se donne à vous comme universelle. C'est simple. Comment voulez-vous qu'une machine reconnaisse la beauté qui se donne sous la forme d'une inexplicable émotion ?

L'autre exemple, c'est l'étonnement, qui est le point de départ de la philosophie. Je ne parle pas de l'étonnement devant ce qui est nouveau mais devant ce qui est banal, ordinaire, familier. Le travail de l'IA consiste à ne pas être surprise par ce qu'elle n'a pas encore vu. Et donc à fabriquer des objets prédictifs qui nous secondent efficacement dans l'exécution des tâches quotidiennes. Le travail de la philosophie consiste à s'étonner de ce qu'on a l'habitude de voir. Les directions sont opposées.

L'IA est-elle capable de faire preuve de créativité ?

A. B. : L'intelligence artificielle risque de conduire à une certaine homogénéisation. On l'a déjà vu avec des réseaux sociaux comme Facebook et Instagram, qui ont un impact sur la perception qu'ont les adolescents et les adolescentes de leur apparence : la beauté est « lissée », standardisée, au prix parfois de passer par la chirurgie esthétique. Je me demande s'il n'y a pas un risque du même type avec l'intelligence artificielle. Des enseignants me disent que les textes rédigés par les élèves avec des outils d'IA se ressemblent beaucoup. Les élèves adaptent un peu, mais, par construction, les systèmes d'IA produisent du semblable. Cela fait partie des choses qu'il faut surveiller.

R. E. : L'IA seconde merveilleusement l'humanité dans l'exécution de ses tâches, mais se heurte à la limite de ce qu'on appelle grossièrement la créativité. À ce sujet, j'ai un exemple qui me paraît intéressant. Boileau formule au XVIIe siècle les règles de l'art classique que nous connaissons tous : l'unité de temps, de lieu et d'action. Arrive Corneille et sa pièce *Le Cid*, qui s'étale sur six mois, dans plusieurs lieux, où ça saigne sur scène et ça se bagarre. Et c'est un chef-d'œuvre ! Un chef-d'œuvre, non parce qu'il a transgressé les règles – ça, à la limite, une machine pourrait le faire –, mais au contraire parce qu'il produit une œuvre qui porte en elle ses propres règles, devenant normatives, à la façon du tableau de Pablo Picasso *Les Demoiselles d'Avignon*. La valeur nomothétique d'une œuvre d'art, le fait qu'en étant nouvelle elle fasse école aussitôt, me paraît le privilège des mortels.

Pourrait-on programmer une IA pour lui demander de nous surprendre ?

A. B. : On arrive déjà à faire des choses très belles et impressionnantes. Je pense à une image de Pierre Zandrowicz qui représente une série de fenêtres au-dessus les unes des autres, ouvertes sur la mer, avec des rideaux, des personnes posées à différents niveaux, un peu comme un rêve. Avec une succession de *prompts bien pensés*, on peut obtenir de belles choses. Cela se rapproche forcément de certaines références que nous avons, mais c'est ce qui est intéressant. On a beaucoup vu une œuvre produite par l'IA, l'image *Théâtre d'opéra spatial*, qui représente comme un tableau d'opéra sur une autre planète ou dans une salle d'un vaisseau spatial. Un artiste aurait pu le faire… et en l'occurrence, c'est une réalisation qui a demandé à l'artiste des centaines d'allers-retours pour y arriver. L'IA ne l'a pas générée toute seule.

Le tableau dont vous parlez est donc une production de la créativité humaine.

A. B. : Oui. L'IA va ouvrir les champs de la créativité : tout le monde pourra faire une vidéo à partir d'un élément vraiment filmé, en rajoutant par exemple un personnage de type bande dessinée. Cela va générer plus de créativité.

Il y aura également beaucoup plus de productions. Les deux comparaisons que j'utilise souvent, ce sont à la fois la photographie et les présentations faites avec un outil comme PowerPoint. Nous sommes tous devenus photographes avec l'arrivée du smartphone – photographes amateurs, bien sûr –, et la photographie continue à se développer comme un art à part entière. Et lorsque le PowerPoint est arrivé, tout le monde s'est mis à l'utiliser pour produire des présentations. Pourtant, les sociétés de conseil ont recruté encore plus de personnes et n'ont pas baissé leurs effectifs.

Dans le monde du travail, on voit aussi arriver l'IA. Quand celle-ci permet de résumer des réunions ou de trancher

certaines questions en trois clics, à quoi servons-nous encore ?

A. B. : Trancher, je ne sais pas, mais proposer, oui. Il faut dédramatiser : comme les smartphones ou le PowerPoint, il s'agit d'apprendre à utiliser ces outils. Avec l'économiste Philippe Aghion, nous avons coprésidé la commission qui a rédigé le rapport intitulé « IA : notre ambition pour la France » et nous avons étudié la question. L'intelligence artificielle amène des changements pour les métiers et pour la manière dont le travail s'organise, plutôt que des suppressions massives. On ne voit pas d'augmentation du chômage au niveau mondial lié à l'IA. Il y a certes des métiers qui sont plus touchés que d'autres. Par exemple, la traduction par l'intelligence artificielle bouleverse le métier de traducteur, qui devient de la relecture d'un premier jet de traduction généré par de l'IA. Il s'agit désormais davantage d'un travail en série, bien qu'il y ait évidemment encore des orfèvres. Mais l'IA permet aussi, par téléphone, de réserver un restaurant en parlant français quand on est en Espagne…

Parallèlement, de nouveaux métiers émergent : il n'y a pas assez de *data scientists*, ni de personnes qui savent utiliser les outils d'IA, et il y a des métiers que nous commençons à peine à imaginer… L'IA peut se charger de tout le travail de documentation d'un programme informatique, que les développeurs n'aiment pas beaucoup. Or aujourd'hui, nous n'arrivons pas à recruter suffisamment de développeurs pour faire face aux demandes, l'IA est donc une aide dans ce cas.

L'économiste Daron Acemoğlu a beaucoup écrit sur la question de comment faire en sorte que ces outils augmentent la capacité des travailleurs plutôt que de remplacer des tâches. Il y a des choses que nous pouvons faire en termes de politiques publiques, pour favoriser ce type d'utilisation plutôt qu'une utilisation de remplacement. C'est une vraie question dans laquelle il faut mettre de l'énergie. Il faut de manière massive et urgente organiser de la formation, du dialogue social, de la réflexion collective.

R. E. : La question du grand remplacement de l'individu par l'IA me paraît une question largement prise en main par la science-fiction depuis deux mille ans ; en revanche, l'homme augmenté, c'est très concret, et cela va s'accélérer avec l'IA. Dans la famille des super-héros, il y a les super-héros dont la force est endogène : la force de Hulk lui est propre, il est lui-même sa propre arme. Ensuite, il y a l'école Batman : sans ses outils, sans son costume, c'est simplement Bruce Wayne. De ce point de vue, l'homme augmenté est une figure de l'avenir, comme le cyborg.

Je suis réservé sur la possibilité pour une IA de s'humaniser. Mais je suis moins réservé sur la possibilité vertigineuse pour un humain de se « machiniser ». Charlie Chaplin, dans son film *Les Temps modernes*, met en scène un ouvrier vissant des boulons, qui reste agité par des spasmes de son activité une fois sorti de la chaîne. Son corps a incorporé sa tâche. C'est une parabole sur le capitalisme, mais j'y vois la métaphore d'un formatage, ou d'une certaine façon de penser. L'effet de ces outils fantastiques, c'est qu'ils produisent des copies conformes. C'est un danger encore confus, qu'on peut résumer ainsi : l'humanité est incompréhensible pour la machine, mais le devenir-machine est peut-être le destin de l'humanité.

Comment le monde de l'enseignement peut-il s'adapter à ces nouveaux outils ?

R. E. : Il y a un mythe très intéressant dont, à mon avis, chacun devrait pouvoir se servir. À la fin du *Phèdre* de Platon, Socrate raconte que le roi Thamous de Thèbes reçoit la visite du dieu-scribe Theuth, qui lui dit : « Mon roi, j'ai mis au point un système merveilleux pour sauver la mémoire et cela s'appelle l'écriture. » Et il lui montre en dessinant ses premiers hiéroglyphes. Thamous, qui n'est pas bête, lui répond : « Si tu as raison, ce n'est pas la mémoire que tu viens de sauver, c'est l'oubli », puisque désormais, les tablettes se souviendront à notre place de ce dont nous devrions faire l'effort de nous souvenir. Derrière ce mythe, il y a l'idée de l'atrophie de la mémoire sous l'effet des outils dont on dispose. Aujourd'hui, lorsque nous vivons quelque chose de mémorable, nous éprouvons le besoin de le prendre en photo : ce n'est pas pour nous en souvenir, puisque la chose est mémorable, mais précisément pour pouvoir l'oublier un peu, le ranger quelque part.

Le syndrome de Theuth, on le retrouve aujourd'hui chez l'élève qui, pour faire une dissertation d'histoire ou de philosophie, passe d'abord par l'IA. Sauf que c'est deux fois du temps perdu : d'abord, parce qu'il le passe à faire cela plutôt qu'à réfléchir par lui-même, mais aussi parce qu'il devra adapter la réponse de la machine. Bref, cela met l'élève en situation de s'inventer l'apparence d'une compétence qu'il eût été plus facile d'acquérir.

A. B. : De la même manière qu'il faut apprendre les bases du calcul « à la main » mais aussi apprendre à se servir des calculatrices, je pense qu'il est important que les élèves essayent aussi de faire des dissertations avec ces outils.

Ensuite, c'est aux enseignants de leur demander d'expliquer ce qu'ils ont mis dans leur dissertation, et d'organiser des discussions entre élèves pour échanger sur leurs expériences. Cela change profondément la manière d'enseigner, en mettant beaucoup plus l'accent sur la discussion. Les enseignants font déjà beaucoup, se forment, expérimentent, et il faut les aider.

R. E. : Il faut aussi aider les enseignants en leur donnant des salles pour que les élèves planchent en classe. Un stylo, une feuille, vous avez quatre heures !

A. B. : Oui, bien sûr, il faut faire cela. Mais je ne suis pas contre le fait de les autoriser à utiliser l'IA et ChatGPT à la maison. Cela étant, ils doivent pouvoir s'expliquer et en discuter avec leurs camarades. À partir des résultats similaires qu'ils auront, ils pourront développer leur esprit critique ainsi que leur compréhension de l'outil. De toute façon, ils vont s'en servir…

R. E. : L'enjeu, pour un enseignant, c'est de conjurer une sorte de formatage volontaire. Un formatage volontaire qui se prend pour un gain de temps, et qui en réalité est un renoncement. L'époque que nous vivons impose la maîtrise des outils qu'elle met à notre disposition. Il y a là un enjeu d'égalité républicaine. Mais la différence ne se fera pas seulement sur la maîtrise des outils contemporains, elle se fera aussi sur celle des outils qui les précèdent. Notamment des techniques de dissertation, que nous avons envie de demander à l'IA de faire à notre place.

Le deuxième danger que je vois, c'est le risque paradoxal d'une fausse démocratisation du talent ou de la compétence. Vivre en démocratie, c'est vivre dans un régime qui est menacé par une illusion : la confusion de l'égalité des droits et de l'égalité des compétences. Nous avons, vous et moi, des droits égaux, et c'est merveilleux. Mais dire que nous avons des compétences égales serait fou et dangereux. Cette confusion est dopée par l'IA de façon considérable. Elle va donner l'illusion de la compétence à quantité de gens, ce qui me paraît dangereux pour la démocratie.

Pendant le sommet sur l'IA, un certain nombre de pays ont signé une déclaration pour une IA « ouverte, inclusive et durable ». Une IA éthique, qu'est-ce que cela veut dire ?

R. E. : J'attends votre réponse, parce que moi, je ne sais pas !

A. B. : Moi non plus ! Pour moi, l'éthique est un mot très large, dans lequel on peut placer la protection de l'environnement, le droit des travailleurs et beaucoup d'autres choses. Je préfère être plus spécifique. En l'occurrence, la déclaration du sommet sur l'IA, signée par soixante pays, répond à la nécessité que les développements de l'IA se fassent en prenant en compte les travailleurs, la sécurité et l'intérêt général, avec une gouvernance inclusive au niveau mondial, et qu'ils se fassent de manière soutenable pour la planète. L'éthique, c'est tellement large que l'on a tendance à tout y mettre.

R. E. : Sur l'usage éthique de l'IA, il y a un paradoxe intéressant. La faiblesse d'une intelligence artificielle, c'est son absence d'opinion, ou le fait qu'elle défend des opinions si vastes et si larges qu'elles n'engagent personne ni aucune singularité. Mais c'est aussi ce qui fait sa force. L'IA, par exemple, pourrait être sociale-libérale, elle pourrait être marxiste. Mais non, elle n'a pas ce biais.

A. B. : Je ne suis pas complètement d'accord. C'est vrai pour la plupart des modèles que nous utilisons aujourd'hui, mais par exemple, les modèles d'IA chinois ont été entraînés pour ne pas donner de réponses à des questions sur le communisme ou pour avoir des réponses politiquement correctes sur plein de choses.

R. E. : Ce qui me fascine avec l'IA chinoise DeepSeek, c'est que la censure met une demi-seconde à apparaître. Lorsqu'on l'interroge sur Tian'anmen, on voit une première réponse : massacre, Chine, etc. Et soudain, tout disparaît !

A. B. : Quand je suis allée en Chine, j'ai appris qu'ils ont concernant l'IA deux cadres réglementaires : un qui régit les solutions pour les entreprises et les organisations, et un autre pour les solutions à destination du grand public. Un développeur d'un équivalent de « Le Chat » de Mistral doit donner son nom, son numéro de téléphone, sa carte d'identité, son adresse… et promettre de ne rien faire d'interdit.

R. E. : C'est une preuve supplémentaire du fait qu'il n'y a pas de démocratie sans économie de marché, mais qu'il existe des économies de marché sans démocratie !

A. B. : Il y a par ailleurs un contre-courant notamment aux États-Unis pour avoir des IA qui bénéficient de la « liberté de parole » et qui puissent dire par exemple que le racisme n'est pas un problème. Il existe aussi, et c'est plus une expérimentation, un modèle d'IA qui a été entraîné exclusivement sur des sermons de Bossuet et de certains de ses contemporains. Bien sûr, comme nous ne sommes plus au XVIIe siècle, ses réponses nous paraissent choquantes, rétrogrades.

R. E. : Parce qu'elle vous répond comme l'Aigle de Meaux !

A. B. : Absolument ! Là, ce n'est pas social-libéral…

R. E. : Mais l'opinion qu'elle a n'est qu'accidentelle…

A. B. : Certes, mais les réponses sont tranchées, et que fait-on de ce qu'on lit ?

En quoi le développement de l'IA pose-t-il des problèmes de souveraineté pour la France ou l'Europe ?

A. B. : Nous avons entendu le vice-président des États-Unis, au sommet sur l'IA, annoncer que les États-Unis étaient les leaders et qu'ils avaient bien l'intention de tout faire pour le rester. Sa vision, c'est que l'IA viendra des États-Unis et que les pays du reste du monde en seront les clients et utilisateurs. Le plus grand risque pour nous, en France et en Europe, c'est de rester en dehors de cette révolution. Si nous ne développons pas cette capacité en Europe, nous n'aurons le choix qu'entre les IA chinoises comme DeepSeek et les IA américaines comme ChatGPT ou Grok, l'IA d'Elon Musk.

R. E. : Je partage votre sentiment. C'est un enjeu essentiel de souveraineté européenne.

Est-ce qu'il existe un usage éthique de l'IA, non pas au sens de la manière dont on l'utilise, mais au sens où l'on ne gaspille pas d'énergie pour son fonctionnement ?

A. B. : D'un côté, les lois d'échelle ont permis d'arriver à des résultats imprévus. On optimise constamment : ce que nous faisons aujourd'hui avec ChatGPT4 ou Le Chat, nous le ferons probablement dans un an avec cent fois moins d'énergie. On peut être optimiste et penser que les optimisations seront plus rapides, ou au contraire craindre que la montée en puissance prendra le dessus. On voit que la volonté de puissance américaine consiste à investir de manière massive dans des centres de données et de la puissance de calcul, avec l'approvisionnement en énergie correspondant, qu'il s'agisse de petits réacteurs nucléaires (qui n'existent pas encore), de la réouverture d'une tranche de la centrale Three Mile Island ou de gaz…

Face à cette course à l'échelle, des questions de fond se posent : faut-il aller vers toujours plus de puissance ? Est-il utile d'avoir un modèle qui est capable de développer des concepts de raisonnement et qui du coup saura générer à la fois de la poésie, des codes informatiques, des textes en mille langues, etc. ? A-t-on vraiment besoin de cela ? Une des voies que nous avons en Europe, c'est celle de la création de modèles plus spécifiques et plus agiles. En prenant un cas d'application concret et des données moins nombreuses, nous pouvons développer des intelligences artificielles à plus faible consommation d'énergie, dans les secteurs de la santé ou de l'industrie par exemple. Il y a donc plusieurs voies.

R. E. : Il y a indéniablement une course au gigantisme, avec le développement de *data centers* toujours plus gros. Face à l'ampleur de ce phénomène, ne devrions-nous pas être en quelque sorte malthusiens, en considérant que c'est une pure folie que de dépenser autant d'énergie pour l'IA dans un monde aux ressources finies ? Je souscris à ce principe, mais je ne crois pas à son efficacité, comme à l'usage en général de la morale en politique. D'ailleurs, nous n'avons jamais vu une découverte humaine s'arrêter sur le chemin de ses potentialités… Je me demande s'il ne faut pas adopter un point de vue technophile ici : de la même manière que les fermes verticales pourraient nourrir vingt milliards d'humains, le salut ne viendra-t-il pas d'un surcroît de technique plutôt que d'une défiance générale ? De ce point de vue, le terme d'IA éthique, qui est un oxymore, me semble intéressant.

A. B. : Je pense moi aussi qu'il faut être technophile et essayer d'innover en stimulant la biodiversité de l'intelligence artificielle. Il y a le modèle américain, le modèle chinois… Ce sont des modèles d'IA qui cherchent à être l'entité la plus grosse au monde, capable de résoudre tous les problèmes. Mais nous pouvons réussir à produire une IA pour le développement des médicaments, une autre pour établir des diagnostics médicaux, une troisième pour aider à bien comprendre les normes environnementales dans le BTP, etc. Ces IA ciblées consommeront moins d'énergie. C'est cela que nous devons apprendre à maîtriser en Europe.

« En nous débarrassant de la partie
la plus mécanique et répétitive
de notre travail, la machine
nous renvoie à ce qui fait
notre spécificité d'humains :
la capacité de recul, le jugement critique »

Florent Menegaux

« Pour innover, il faut ouvrir
le champ des possibles.
L'imagination créatrice implique
de faire un pas de recul,
non pas pour régresser,
mais pour progresser »

Pierre-Michel Menger

Florent Menegaux *est, depuis 2019, président de Michelin, manufacturier leader mondial des composites et des expériences qui transforment notre quotidien. Il est également président du Pacte mondial des Nations unies – Réseau France depuis 2023.*

Pierre-Michel Menger *est professeur au Collège de France. Enseignant à l'Ehess depuis 1995, il a publié de multiples ouvrages parmi lesquels,* La Différence, la Concurrence et la Disproportion *(Fayard, 2014),* Le Travail créateur. S'accomplir dans l'incertain *(Seuil, 2014).*

La technologie aggrave-t-elle les inégalités ?

Florent Menegaux
et Pierre-Michel Menger

Les disruptions technologiques produisent immanquablement des chocs dans le marché du travail. Certains s'en sortent, d'autres restent sur le carreau. Comment éviter que le progrès technique soit synonyme de drames sociaux ? Quelle est la responsabilité des grandes entreprises dans cette affaire ? Peut-on former les gens à maîtriser l'arrivée de nouveaux outils et notamment de l'IA ? Notre système éducatif est-il à la hauteur face à ces enjeux ? Nous avons invité Pierre-Michel Menger, sociologue qui a exploré la notion de talent, et Florent Menegaux, directeur général de Michelin, à discuter de ces questions hautement politiques. Leur intuition commune : nous devons sortir du déterminisme pour pouvoir faire face au changement. Reste à savoir comment !

Qu'est-ce que l'innovation ?

Florent Menegaux : L'innovation, c'est une rencontre. Dans son sens technique, c'est l'utilisation de la technologie par un cerveau humain. Depuis son origine, Michelin croit en deux choses : l'être humain et la technologie. Marier les deux, on adore ça ! L'innovation implique un collectif de cerveaux humains qui imagine le monde autrement. Ce qui est fondamental, c'est d'être capable de repenser ce qu'on fait. Non pas qui on est ou pourquoi on est ensemble, mais « pour » quoi on travaille. On croit souvent que Michelin, c'est du pneu. Or à l'origine, l'entreprise produisait des produits caoutchoutés sous différentes formes, notamment des sangles pour transmettre la puissance des matériels agricoles sur d'autres engins. Il se trouve que le pneu s'est développé et on a suivi cette matrice. Mais Michelin est beaucoup plus. La 2CV est née chez nous. Michelin a fabriqué des avions, des trains… Un jour, nous nous sommes demandé : « C'est quoi, un pneu ? » La réponse ? C'est un composite qui change la vie quotidienne des gens. En posant cette définition, nous sommes parvenus à changer radicalement l'horizon de l'entreprise, car il y a énormément d'autres formes où nos savoir-faire peuvent s'exprimer. Nous fabriquons des voiles, des roues qui vont sur la Lune, des tissus pour la recherche sous-marine, mais aussi des combinaisons spatiales, des tissus qui réparent le corps humain, des polymères qui collent sans utiliser des molécules mauvaises pour la santé, etc. Aujourd'hui, nous savons ce que fait Michelin : développer les composites qui changent la vie quotidienne des gens.

Pierre-Michel Menger : Toute réalité n'est jamais qu'une incarnation, une réalisation parmi beaucoup d'autres possibles. Pour innover, il faut ouvrir le champ des possibles et se dire : « Ce que j'ai devant moi n'est qu'une réalisation de ce qui peut être. » L'imagination fonctionne de cette façon. Cela coûte un petit effort de se détacher du réel et de se dire : « Comment pourrais-je faire autrement ? » Or là est l'exercice de la réflexivité et de l'imagination créatrice. Elle implique de faire un pas de recul, non pas pour régresser, mais pour progresser.

Face à l'innovation technologique, on a le sentiment qu'on est forcé de s'adapter... sans quoi on risque de rester sur le carreau. Cette anxiété est-elle justifiée ?

P.-M. M. : L'anxiété vient du déséquilibre. Le cours du monde, c'est l'alternance d'équilibres et de déséquilibres. Entre deux états d'équilibre, on traverse des phases de déséquilibre. Quel est l'effet sur notre perception du temps et de la réalité ? Distinguons deux ontologies du monde. La première dit : « C'est la reproduction de l'existant qui est la situation normale et c'est le changement qui est un casse-tête épouvantable. » Transposé à la culture d'un pays, cela me paraît souvent ressembler aux représentations françaises. La seconde ontologie dit : « C'est le changement qui est la donnée fondamentale, et l'inertie qui est un problème. » Cette conception est bien formalisée chez le philosophe Whitehead. Selon cette conception du monde, c'est l'inertie ou la reproduction de l'existant qui est le casse-tête. D'un côté, on se dit : « Bon, il suffit d'extrapoler le passé pour construire l'avenir. » Et de l'autre : « Non, il faut bouger sans arrêt. » L'anxiété est paralysante si le changement est conçu simplement comme une menace.

F. M. : Concernant les changements, tout est question de point de vue. Ce qu'on appelle le chaos en entreprise correspond à l'ordre dans le milieu naturel. Dans une entreprise, les choses bien ordonnées sont rangées dans des cases. Dans une forêt, un tas de bois fraîchement coupé et rangé, c'est le chaos : elle va tout de suite chercher à le détruire, l'absorber, le consommer. Il y a des choses qui doivent être plutôt ordonnées, parce qu'elles sont connues, identifiées. Et il y en a d'autres qui viennent nous percuter, comme la géopolitique ou le changement climatique. Il faut s'adapter. On ajoute du stress quand on se met à appliquer un schéma ordonné sur quelque chose qu'on ne peut pas contrôler. Ou bien quand on essaye de surfer sur une complexité alors qu'il faut l'ordonner. Chez Michelin, nous cherchons à développer la capacité humaine à être à l'aise dans la complexité.

P.-M. M. : Il y a deux catégories de travail. Il y a le travail essentiellement routinier, où l'on sait à peu près au début d'une activité ce qu'il va se passer tout au long du processus et jusqu'à la fin. Au bout d'un moment, on a le sentiment que ce travail n'a aucun sens gratifiant. Mais on a le confort de la routine, qui peut procurer un certain apaisement. Zéro anxiété, mais une insatisfaction contre ce sens perdu de l'agir productif. L'autre catégorie, c'est le travail non routinier. La variabilité des situations et des actes de travail fait la valeur de ce qu'on fait. Cela implique un coefficient d'apprentissage, ce que j'appelle le *learning content of work*. On apprend dans le travail. Mais il y a un risque d'échec. Et la peur d'échouer, générant de l'anxiété, risque de tout bloquer. À la faveur des innovations technologiques, l'ouverture et le défi de la non-routine et la polarisation entre routine et non-routine augmentent.

Vivons-nous une période d'accélération technologique qui aggrave cette peur d'être inadaptés ?

F. M. : La transition technologique va à une vitesse incroyable, ce qui rend l'adaptation humaine difficile. La technologie nous expose beaucoup plus à la complexité, et nous la rend beaucoup plus visible. Mais la complexité était déjà là, à mon avis. Le monde était-il plus rose en 1942 ? J'en doute. En réalité, on était déjà globalisés, c'était déjà un « bazar » mondial à grande échelle. Simplement, les outils, la technologie ont gagné en puissance et en sophistication. On a l'impression que le temps s'est accéléré. Les informations circulent beaucoup plus rapidement, les objets peuvent être beaucoup plus destructeurs ou rendre des services beaucoup plus rapides.

P.-M. M. : Il y a une perception plus aiguë de l'interdépendance entre toutes les dimensions du réel, politiques, sociales, économiques, climatiques, dans ce qu'on appelle la globalisation. D'autant plus que de nombreux pays qui étaient dits émergents sont aujourd'hui pleinement développés et veulent superposer un agenda de compétition technico-scientifique et économique à une compétition politique. La multipolarité actuelle oppose la Chine et l'Asie du Sud-Est à l'Europe et aux États-Unis, et maintenant aussi l'Europe aux États-Unis. C'est l'Europe qui subit le plus la crise de confiance dans la soutenabilité de son modèle.

F. M. : On est beaucoup plus sollicités. Et cela pose question dans le management. Face à cette complexité apparemment beaucoup plus présente, les managers sont confrontés à des questions plus difficiles, comme la santé mentale. On mesure beaucoup plus d'angoisse dont on ne sait pas réellement déterminer l'origine.

Peut-on former les gens à faire face aux disruptions technologiques ?

F. M. : Chez Michelin, nous sommes très fiers d'être capables de développer des individus qui démarrent en usine comme agents de production derrière la machine et qui terminent leur carrière comme directeurs industriels. Simplement, comme ils partent d'un endroit différent, c'est un effort considérable. Si les personnes sont dans un état d'esprit d'apprendre, alors elles réalisent la raison d'être de Michelin : offrir à chacun une meilleure façon d'avancer. Certains croient que ce slogan évoque les pneus ou la manière dont on se déplace de A vers B. Or sa signification est plus large : il s'agit de permettre à chacun de pouvoir se développer, soit en utilisant nos biens ou nos services, soit en utilisant Michelin comme une plate-forme de développement.

P.-M. M. : Penser les individus à la fois comme des incarnations réelles et comme des grandeurs potentielles, ce n'est pas rien. Une des caractéristiques qui est sollicitée davantage chez chacun aujourd'hui, c'est d'apprendre à gérer l'incertain, les situations particulières malaisées à anticiper, surprenantes, risquées mais aussi porteuses d'opportunités. Ces situations sont génératrices d'apprentissage. La formation initiale n'est pas tout, et l'est moins que jamais : on est plus grand que son diplôme – à condition de se saisir des mille chances d'apprendre sans cesse. Le déterminisme du diplôme n'est qu'une construction institutionnelle ; il réduit les individus à leur passé certifié et sépare la formation du travail. En réalité le travail ne vaut que s'il est formateur. Je suis né dans une ville lorraine qui était en pleine crise : mon décor quotidien, c'était la mine de charbon, avec une polarité entre la cité blanche des cadres et la cité minière qui était noircie de suies polluantes. Je me suis sorti de l'ennui en lisant beaucoup. J'ai eu le parcours classique du bon élève, ce qui m'a permis d'entrer à l'École normale supérieure. À l'époque, l'ascenseur social fonctionnait. C'étaient les Trente Glorieuses : il y avait la croissance économique, mais il fallait se retrousser les manches. Mon goût d'apprendre sans cesse était mon viatique.

F. M. : Moi aussi, je suis né à la fin du baby-boom. J'avais des parents extrêmement brillants mais j'ai toujours été très turbulent et j'avais peur de ne pas y arriver. Mais j'ai toujours eu un moteur interne extrêmement fort. J'étais certain qu'en entreprise, ça irait, car ce serait moins académique, plus réel. Je suis rentré par hasard chez Michelin, après un parcours en audit et dans des entreprises de transport. Je pensais y rester deux ans, et ça fait vingt-huit ans que j'y suis. Là où j'étais, j'ai toujours transformé, développé, changé les lignes, touché des choses, changé les organisations. J'ai subi des managements toxiques, j'ai subi des managements idiots. J'en ai tiré des leçons. Je me suis forgé la conviction qu'on pouvait faire beaucoup avec des équipes motivées. Nous sommes des êtres relationnels, nous ne pouvons fonctionner qu'en étant ensemble.

P.-M. M. : La qualité de l'équipe est déterminante dans notre attitude face au changement. Un individu n'existe que par l'interaction : on est malin quand on est avec des gens malins, mais on peut être détruit par un groupe non coopératif. Ça ne dépend pas entièrement de nous, il y a une part de chance. Et quand cela ne fonctionne pas, il faut trouver le moyen de bouger : la mobilité compte pour déjouer le découragement et le fatalisme.

Pensez-vous que les nouvelles générations ont un rapport différent à l'effort ?

P.-M. M. : La capacité d'effort est une disposition psychologique qui s'acquiert et se travaille (lisez ce qu'écrivait

William James à la fin du XIXe dans ses *Talks to Teachers*), mais son pouvoir dépend aussi des conditions externes. Aujourd'hui, nous avons affaire à des générations qui font l'expérience d'une croissance économique déclinante et beaucoup plus faible qu'il y a cinquante ans alors que le niveau de scolarisation et de formation supérieure s'est considérablement développé. Mais le niveau d'éducation a connu ce développement quand la croissance économique du pays commençait à décliner. C'est une machine infernale à créer de la frustration, de l'« aquoibonisme ». Si je me suis formé et que le marché du travail ne répond pas à ma formation, je vais me sentir déclassé. Certes, une partie de ces individus déclassés vont pouvoir évoluer, une fois insérés, et espérer progresser. Mais ce contre-déclassement n'est pas donné à tous ! C'est un vrai grand problème français. Si l'on raisonne en termes déterministes, avec une équation déséquilibrée entre formation initiale et emploi, on dira que nous vivons dans une société déclassée. Mais si l'on raisonne en termes probabilistes, tout dépend des situations particulières. Les individus sont plus grands que leur diplôme, ai-je dit, encore faut-il des conditions favorables. Ce sont des facteurs individuels, et l'environnement de l'organisation ou de l'entreprise, la qualité de l'équipe ou du management, qui permettent une mobilité favorable une fois en emploi.

F. M. : C'est pourquoi on essaye de créer cet environnement favorable chez Michelin. Par exemple, on a développé une Manufacture des Talents, qui est disponible pour tous. Chaque employé a soixante-deux mille modules de formation à sa disposition, dans différentes langues. Mais la quantité d'efforts de formation que vous allez mettre dépend de vous : on ne va pas vous forcer.

P.-M. M. : Il y a un facteur ou un état psychologique qui s'appelle le *growth mindset*, soit l'état d'esprit de se dire : « Je peux croître, je peux me développer. » Or les jeunes Français sont en moyenne plus enclins qu'ailleurs dans les pays de l'OCDE à adopter un raisonnement fataliste, pessimiste, si l'on en juge par la dernière enquête Pisa de 2023.

Notre manière d'appréhender le changement technologique diffère-t-elle selon notre culture ?

F. M. : Je ne vois pas d'écart flagrant entre des Chinois, des Thaïlandais, des Brésiliens, des Américains, des Français dans leur attitude face au changement. En revanche, les parcours de développement sont très différents.

P.-M. M. : Les enquêtes sur les styles d'éducation et les performances scolaires des enfants montrent des différences considérables entre les pays. Aujourd'hui, les champions de la réussite éducative et de l'effort sont en Asie du Sud-Est. Observez aussi ce que les innovations technologiques, aux États-Unis, doivent aux ingénieurs et entrepreneurs immigrés venus d'Asie. Le changement technologique est perçu plus normalement comme une opportunité dans les cultures qui acceptent le risque. La France est connue pour son aversion au risque. Son État providence est très protecteur, mais ne sera pas soutenable s'il paralyse l'innovation et la prise de risque.

F. M. : C'est vrai que cette envie manque parfois dans les démocraties les plus anciennes. Certaines de nos usines les plus performantes sont en Asie du Sud-Est. Ce n'est pas parce qu'on y a mis la meilleure technologie, mais parce qu'ils sont très volontaires et innovants. Nous y envoyons nos équipes des autres régions pour qu'elles s'en inspirent – mais cela ne peut marcher que si vous ne vous considérez pas déjà comme les champions du monde.

P.-M. M. : Vous avez raison. Il faut sans arrêt expérimenter une variété de situations, sans crainte des comparaisons avec d'autres pays. Le repli nationaliste fait croire que la culture d'un pays est une ontologie singulière que rien ne doit ébranler. La comparaison, en revanche, est une manière d'expérimenter qui nous dit des choses extraordinairement utiles sur les mondes sociaux et économiques.

À vous entendre tous les deux, il n'y a pas de déterminisme, les gens peuvent se former, développer leurs compétences, etc. Mais les chocs technologiques entraînent aussi parfois des destructions d'emplois pures et simples…

P.-M. M. : Dans la technologie, il y a une part de substitution et une part de complémentarité. Les individus doivent pouvoir se saisir des opportunités de complémentarité, en étant suffisamment formés initialement, et aussi en ayant le *mindset* qui correspond pour réagir. Il ne faut pas simplement se dire : « Ah, je risque d'être remplacé par un robot ! » Nous jouons un jeu stratégique avec les technologies novatrices. Si nous y voyons seulement une menace, c'est que nous croyons que c'est un jeu à somme nulle – que la technologie va nous déloger, et point final. Mais on peut aussi considérer que la technologie est un jeu à somme positive, qu'elle transforme un équilibre en un autre. Dans ce cas-là, on saura en extraire ce qu'elle sait nous donner.

Quels seront d'après vous les effets de l'IA et des robots sur l'emploi ?

F. M. : Il y a des entreprises qui disent que l'IA est un outil de productivité pour supprimer des postes. Ce n'est pas extrêmement positif ! Nous, ce que nous disons, c'est que nous allons pouvoir effectuer deux fois plus de choses sur une même journée. Les postes seront enrichis. Les robots vont nous débarrasser des tâches sans intérêt, ce qui va permettre à l'humanité de mieux s'exercer, à condition qu'on la forme. Quand vous responsabilisez l'humain, il est capable de choses incroyables. Mais il faut le former, l'accompagner en permanence pour qu'il soit capable d'exprimer cette partie beaucoup plus humaine qu'est la conscience de soi, le fait d'être capable de projeter une partie de « soi » dans un résultat. La machine ne sait pas le faire ; elle ne fait que des probabilités. De plus en plus, on va demander à l'être humain de gérer ce que la machine ne peut pas gérer. Cela requiert de la créativité, de la sensibilité, de l'imagination, du développement, de la « métacognition ».

P.-M. M. : Les robots savent maintenant apprendre, ils ont une capacité d'effort illimitée. Que nous reste-t-il ? L'essentiel : il y a notre si précieuse capacité de jugement, pour raisonner et agir dans les cas particuliers et dans les situations imprévisibles, et il y a nos affects et nos émotions, une de nos intelligences. L'humain bénéficie d'une ressource éminemment sociale, la capacité de se mettre à la place d'autrui et d'adopter plusieurs perspectives sur chaque situation, autrement dit d'apprendre d'autrui et de se régler sur autrui. Si j'interagis avec un robot, ce qui va être de plus en plus le cas, est-ce qu'il va faire plus que me profiler pour anticiper mes réactions ? L'être humain se distingue aussi par sa réflexivité, une ressource métacognitive. Elle permet de réévaluer sans cesse tout ce qui advient et de faire face à l'imprévu. Si nous ne faisions que gérer des réalités prévisibles, nous ne serions que les robots de nous-mêmes. Le cours non linéaire du réel, c'est la surprise, c'est l'inventivité. Et la ressource pour avoir le sentiment de se développer, plutôt que de voir le temps passer et vieillir.

F. M. : Ce qui manque aux sociétés, c'est une capacité de se projeter, de donner du sens à l'effort. Pour la technologie, c'est la même chose : il faut savoir ce que l'on veut en faire. Le marteau peut être un outil incroyable ou une arme redoutable. Une technologie comme l'IA est plus sophistiquée, mais elle pose la même question : que voulons-nous en faire ?

Comment nous former pour relever ces défis ?

P.-M. M. : Nous devons nous interroger sur les niveaux d'éducation. Les Chinois sont premiers aux Jeux olympiques de mathématiques depuis vingt ans. Leur recherche et leur enseignement supérieur se développent très vite, et ils ne sont pas les seuls en Asie. Leur culture confucéenne donne un poids considérable à l'éducation et à l'effort pour y réussir. Chez nous, l'éducation obtient des évaluations médiocres dans les tests internationaux depuis près de deux décennies. Il y a un double problème majeur, d'équité et d'efficacité. L'équité est l'objectif majeur de la politique publique, l'efficacité est la demande des familles. L'éducation n'est que le résultat d'une coopération entre les familles, le système scolaire et les individus. Les élèves ne passent que 15 % de leur temps dans l'enceinte de l'école. L'éducation familiale joue un rôle majeur. Et elle transmet ou échoue à créer des aptitudes essentielles, comme l'aptitude à la gratification différée – la visée à long terme. Les familles immigrées le savent bien : celles qui font réussir leurs enfants n'ont pas d'autre choix que de viser loin et aussi haut que possible.

F. M. : Tout le monde n'est pas forcément formé pour pouvoir se projeter. En revanche, ça s'apprend. Un des rôles des dirigeants, d'ailleurs, c'est de proposer des projets de société. On l'a complètement oublié. Avec l'Europe, au départ, il y avait un projet de société. Aujourd'hui, on n'a plus de projet commun. On ne sait plus pourquoi on est ensemble. La Chine, elle, sait. Les États-Unis, d'une certaine manière, sont en train de perdre ce commun. Ils l'avaient il y a encore dix ou quinze ans.

Nous autres Européens, avons-nous perdu tout espoir de progresser ?

P.-M. M. : Progresser suppose innover, réformer, même bouleverser l'existant. C'est une affaire de risque et d'opportunité. Rien de plus paralysant que d'anticiper qu'on va perdre à changer, ou qu'on va amplifier les inégalités. La question des inégalités n'a pas le même sens dans une société sans croissance ou dans une société en croissance. Dans la première, elle revient à un jeu à somme nulle, les gagnants font autant de perdants : c'est le fondement d'une vision redistributive qui a pour horizon d'arriver à l'égalité parfaite, faute de progresser collectivement. On n'a jamais vu une société fonctionner réellement comme ça. L'autre raisonnement considère qu'on est dans un jeu à somme positive, et qu'il faut redistribuer en ayant augmenté la production de richesses et les chances de mobilité. S'il n'y a pas de projet, les gens ne comprennent pas pourquoi on devrait s'arrêter ici ou là dans la redistribution. La tendance naturelle, lorsqu'on place l'égalité en moteur premier, c'est d'en vouloir toujours plus, comme disait Tocqueville. Les inégalités sont tolérables lorsqu'elles dessinent un horizon de mobilité. Nous pouvons modifier les modèles de croissance, mais pas faire un trait sur les bénéfices individuels et collectifs attendus de la croissance.

F. M. : Il y a une sorte de désespérance lorsque l'État se met à tout égaliser. Dans toute société, il y a des gens qui vont abuser d'une règle au détriment des autres. Mais au lieu de sanctionner l'excès, on réglemente. Moyennant quoi on a un excès de réglementation qui bride l'initiative.

P.-M. M. : Pour inventer et progresser, nous devons nous débarrasser des passions tristes, ces émotions négatives qui, disait Spinoza, empêchent d'accéder à la connaissance. À l'inverse, les émotions positives que sont l'enthousiasme et l'admiration nous permettent de penser le réel en reliant les technologies nouvelles à notre condition individuelle. L'émotion positive, c'est l'instrument de la métacognition ; c'est la capacité de dire « Ça pourrait être autrement ». Une société où on ne sait pas admirer quelqu'un qui fait mieux ou autrement que soi est une société tragique.

Et d'un point de vue politique ? Que dit-on à un jeune qui vit dans une société en décroissance, sans projet collectif, face aux révolutions technologique et environnementale ? On lui dit qu'il faut travailler ses passions joyeuses ?

P.-M. M. : Il y a trois stratégies possibles : *Exit, Voice and Loyalty*, pour reprendre le titre du célèbre ouvrage de l'économiste Albert Hirschman. La solution « Exit », c'est de partir, ou alors de sortir de l'emploi, mais pour faire quoi ? « Voice », c'est souvent pour voter aux extrêmes, qui n'ont strictement aucune solution à proposer à part célébrer la frugalité et monter les uns contre les autres. Enfin il y a la solution « Loyalty ». Si celle-ci consiste à se maintenir en mode survie, sans réel espoir de changement, c'est tragique : le futur dans l'inertie et le rétrécissement. Mais « Loyalty » fonctionne mieux dans une ontologie sociale où le changement infuse, soutenu par l'éducation et les succès scientifiques et techniques. *Loyalty* à une société de l'innovation, donc.

F. M. : On n'est pas tous égaux devant l'envie, devant la volonté, devant le développement. En revanche, il faut l'égalité des chances. Lorsque la rémunération du capital devient hors de proportion par rapport à la rémunération du travail, il y a un problème. L'ascenseur social ne peut pas marcher. Si les personnes sont aliénées par leur rémunération, si elles ne sont plus en capacité de se projeter, de se développer, ça ne marche pas. Il faut qu'il y ait une forme d'équilibre qui se fasse, sans verser dans l'égalitarisme.

Chez Michelin, vous avez récemment décidé d'offrir un « salaire décent » dans toutes vos filiales. De quoi s'agit-il ?

F. M. : Un salaire décent, c'est un salaire qui doit permettre à une famille de 4 individus – 2 enfants et 2 adultes – de pouvoir se loger, se nourrir, se transporter, s'éduquer et d'avoir une petite épargne de précaution. Le travail doit donner accès au moins à cela pour qu'une personne puisse commencer à se projeter et se développer. Pour autant, la rémunération du capital est légitime. Nous payons des dividendes parce qu'il est normal que des gens qui prennent des risques en mettant leur capital chez nous touchent une juste rémunération. C'est une question d'équilibre, comme tout.

Faut-il revenir à une forme de paternalisme social à l'intérieur de l'entreprise, qui endosserait une part de la mission de l'État providence ?

P.-M. M. : L'industrie a toujours proposé des carrières internes où l'on peut avancer, se former, faire progresser son salaire, avec une forme de méritocratie du temps long qui comptait. Elle était aussi le cœur de la croissance et de la productivité, grâce à l'innovation. À rebours de cette tradition, le secteur très hétérogène des services a produit la polarisation des emplois, les très bons emplois très rémunérés, et les emplois de mauvaise qualité, sans horizon de développement, une carrière salariale plate et des formules contractuelles précaires. La productivité est beaucoup plus faible, voire stagnante, dans les services. L'IA changera peut-être la donne. Pendant ce temps-là, l'atelier du monde, le Sud-Est asiatique, a été bénéficiaire de notre désindustrialisation, et a connu une productivité croissante.

On parle beaucoup de réindustrialiser la France. Mais peut-on vraiment réindustrialiser un pays par une politique volontariste ?

F. M. : Quand on parle de réindustrialiser, c'est souvent avec l'idée de faire revenir des choses qui sont déjà parties. À mon avis, c'est un combat perdu d'avance. En revanche, commencer à se développer dans des domaines du futur, oui. La technologie nous offre un champ d'exploration incroyable. Prenez par exemple les imprimantes 3D. C'est tout l'inverse de la métallurgie, basée sur l'extraction et l'assemblage de la matière. Là, on construit les objets en fusionnant les grains de matière pour leur donner une forme. C'est une révolution complète dans la manière dont on conçoit une pièce. Autre exemple : les polymères, qui se substituent à l'acier. Relancer des hauts fourneaux en France n'est pas dans notre intérêt : il faut plutôt investir dans les nouvelles générations de polymères. Nous avons oublié que le pétrole était parfaitement naturel. Le problème, c'est qu'il s'est constitué sur des centaines de milliers d'années et qu'il se consomme très vite. Toute la question, c'est d'utiliser la science pour reproduire sur des temps extrêmement courts ce qui s'est produit naturellement en des centaines de milliers d'années. On sait désormais que c'est ou que ce sera possible.

Peut-on inclure tout le monde dans l'industrie du futur ? Les usines robotisées ne risquent-elles pas d'employer une faible quantité de gens très qualifiés ?

F. M. : L'industrie continuera d'offrir des parcours de développement formidables. Mais cela exige de chacun qu'il agisse en leader, qu'il comprenne et assume pleinement son rôle dans le fonctionnement collectif de l'usine. En nous débarrassant de la partie la plus mécanique et répétitive de notre travail, la machine nous renvoie à ce qui fait notre spécificité d'humains : la capacité de recul, le jugement critique, la métacognition. Nous en avons de plus en plus besoin, et chacun en est capable. Bien sûr, ce sera difficile pour ceux qui ne veulent ou ne peuvent pas se former. La vie, c'est un apprentissage permanent. Il faut se demander comment on suscite l'envie d'apprendre.

Notre système éducatif est-il à la hauteur des enjeux ?

F. M. : On a un système éducatif en France qui stigmatise l'erreur plutôt que de valoriser ce que l'on fait bien. À Singapour, on éduque différemment, avec des résultats beaucoup plus positifs. Nous devrions nous en inspirer.

P.-M. M. : Il faut d'abord dire que l'honneur de nos démocraties a été de scolariser massivement. Le taux de ceux qui ne sont pas formés du tout est très faible aujourd'hui. Mais il y a un paradoxe dans cette dynamique de massification : tout élève est aujourd'hui assuré d'aller jusqu'au brevet à coup sûr et presque à coup sûr au bac. Il a une chance certaine de « réussir » ses études, alors qu'en même temps, la performance des élèves, telle qu'elle est mesurée par les tests nationaux et internationaux, décroît en moyenne et à tous les niveaux. Il y a un problème d'écart entre la production nominale des carrières scolaires et la maîtrise réelle des compétences. Comment résoudre le problème ? L'innovation en matière éducative ne peut pas se contenter de formules creuses ou de changements cosmétiques. Or les réformes dans la politique éducative n'opèrent que sur du temps très court, celui que bousculent les agendas électoraux et les instabilités gouvernementales. L'éducation, c'est du temps long, d'investissement personnel et de transformation organisationnelle. Les technologies d'IA pourraient pénaliser sévèrement l'inertie.

« Nous avons l'ardente obligation
de bien utiliser notre temps »

Bruno Angles

« Le temps est comme une paroi lisse
qui n'offre aucune prise
pour la gravir »

Francis Wolff

Bruno Angles *a dirigé Vinci Énergies, Macquarie France et Credit Suisse France. Il a été directeur général d'AG2R La Mondiale (2022-2025) et administrateur de la RATP (2016-2024). Depuis 2025, il préside Polytechnique Insights et siège à la Fondation de France.*

Francis Wolff *est philosophe et professeur émérite de philosophie à l'École normale supérieure. Il a publié une quinzaine d'ouvrages, parmi lesquels* Le Temps du monde *(Fayard, 2023). Il a très récemment publié* La vie a-t-elle une valeur ? *(Philosophie magazine Éditeur, 2025).*

Temps et technologie : comment survivre à l'accélération ?

Bruno Angles et Francis Wolff

Le temps nous échappe : à la fois sur le plan conceptuel, car il est impossible à définir, et au quotidien, car il nous file entre les doigts. C'est le constat que partagent Francis Wolff, grand métaphysicien et spécialiste du temps, et Bruno Angles, ex-directeur général d'AG2R La Mondiale. Reste à comprendre si et en quoi la technologie a transformé notre rapport au temps qui passe. Vivons-nous une accélération du temps vécu ? Le télétravail et le travail synchrone vont-ils mettre fin à la notion de collectif ? Enfin, sommes-nous égaux face à ces bouleversements ? Ce sont les questions qui traversent ce dialogue étonnant, nourri par la pensée abstraite d'un philosophe et par l'expérience concrète d'un dirigeant.

Comment en êtes-vous venus à vous intéresser à la question du temps ?

Francis Wolff : La question du temps m'a obsédé très longtemps avant que je lui consacre un livre entier. J'analyse ce concept tel qu'il nous est nécessaire pour que nous puissions cohabiter, vivre dans ce monde, en parler. Le temps, donc, tel qu'il est, distinct du temps des physiciens. Dans mon analyse, le temps n'est cependant pas très éloigné de la conception qu'en avait Newton, différente de celle de la plupart des philosophes depuis le début du XXe siècle, Bergson, Heidegger, en passant par Husserl, qui se sont emparés de ce sujet. Prenant conscience du fait que le temps était devenu presque exclusivement une question physique, ils se sont réfugiés derrière le temps de la conscience, ce que l'on appelle parfois la temporalité. J'ai cherché à ouvrir une troisième voie entre le temps physique et le temps qu'on appelle phénoménologique, c'est-à-dire décrit du point de vue d'une conscience. J'analyse le temps objectif, tel qu'il est hors de nous, mais n'existant que dans notre monde humain et pour notre monde commun.

Bruno Angles : Le temps m'a toujours obsédé. Adolescent, j'aimais la rentrée des classes, le moment où le prof donne l'emploi du temps. En une fraction de seconde, on passe d'une incertitude à peu près totale sur la façon dont le temps va être employé dans les dix mois qui viennent à un état du monde dans lequel tout devient extrêmement prévisible : on sait que tous les mercredis, de 15 à 16 heures, on aura cours de français, etc.

Sénèque disait quelque chose comme : « L'essentiel n'est pas la durée de la vie, mais son emploi. » À 25 ans, j'avais envie d'avoir plusieurs vies en une. Si j'avais eu cinq vies, j'en aurais consacré une à la politique et je serais alors resté célibataire pour ne pas infliger ça à une famille ; dans ma deuxième vie, je serais également resté célibataire car j'aurais été prêtre ; et dans mes trois autres vies, j'aurais eu des carrières plus linéaires dans les affaires. Lorsque j'étais étudiant, j'avais un camarade en classes préparatoires avec qui j'avais le même but : intégrer la meilleure école d'ingénieurs possible. Nous avions un emploi du temps identique ou presque – mais un peu plus tard, lui est devenu moine. Aujourd'hui, nos allocations du temps sont complètement différentes, et c'est normal, puisque nous n'avons plus du tout le même objectif. Mais la maîtrise du temps demeure essentielle pour chacun d'entre nous. La plupart des fondateurs des ordres monastiques ont d'ailleurs défini une règle, par exemple la règle de saint Benoît, qui alloue le temps de manière très prescriptive, car ils considéraient que cette allocation du temps était la meilleure façon de se rapprocher de Dieu.

Il y a une phrase que j'apprécie : « Aujourd'hui est le premier jour du reste de ta vie. » C'est le titre d'un film avec Zabou Breitman et Jacques Gamblin, qui est également une chanson d'Étienne Daho et une phrase de Victor Hugo. Cette formulation nous invite à nous poser deux questions : « Quel usage as-tu fait de ton temps jusqu'à présent ? » et « Quel usage veux-tu en faire désormais ? ». On a la possibilité de remettre les compteurs à zéro chaque jour, voire chaque seconde. D'où l'importance de se donner des objectifs clairs dans la vie.

F. W. : La différence entre votre approche et la mienne, c'est que vous êtes intéressé par l'usage que nous en faisons, et l'usage en particulier que vous en faites. Moi, ce qui m'intéresse dans le temps, c'est le pur concept. J'ai essayé de trouver une méthode propre à la philosophie pour m'interroger sur ce à quoi les physiciens ne peuvent pas répondre : qu'est-ce que le temps ? Mon intérêt est essentiellement théorique, parce qu'il y a là un défi pour la pensée. Une journaliste, une fois, m'a présenté en disant que j'étais le spécialiste des définitions impossibles. En effet, j'ai écrit un tout petit livre sur l'amour, puisqu'il passe pour être quelque chose d'indéfini, d'indéfinissable, de mystérieux, de poétique, etc. Et un autre sur la musique, qui est l'art le plus abstrait, même s'il a le plus d'effets concrets. Or je pense que le temps est le concept qui est le plus rebelle au concept, si je puis dire, c'est-à-dire le plus rebelle à la rationalité.

N'est-ce pas une mission impossible que de définir le temps ?

F. W. : J'ai démontré dans mon livre qu'il est impossible à définir au sens strict, dans la mesure où toute définition le présuppose : tous les mots qu'on utilisera pour définir le temps seront eux-mêmes, en partie, déjà temporels. Le temps est comme une paroi lisse qui n'offre aucune prise pour la gravir. Il y a cependant un moyen réflexif indirect pour l'aborder. Si vous faites abstraction de tout ce qu'il y a autour de vous, dans le monde, empiriquement, qu'est-ce qui reste ? Il reste quelque chose qu'on appelle l'espace, dans lequel étaient toutes les choses dont vous avez fait abstraction. Si vous faites abstraction de l'espace, en essayant de l'ôter mentalement, qu'est-ce qui reste ? Le temps. On ne peut pas en faire abstraction, puisque c'est ce par quoi et dans quoi nous pensons. Le processus de pensée est forcément temporel.

De façon élémentaire, je dirais que le temps, c'est ce qui fait que nous distinguons l'avant et l'après. C'est à la fois banal et tout à fait incompréhensible. Les mathématiciens appellent cela une relation d'ordre : ce qui est avant est toujours avant ce qui est après, par opposition à ce qui est spatial, qui exprime une relation symétrique : l'aller-retour est toujours possible. Si le temps, c'est au fond ce qui nous permet de distinguer l'avant et l'après, les plus grands physiciens du monde eux-mêmes, de Newton à Einstein, sont obligés de présupposer cette relation d'antériorité et de postériorité. Et ce, y compris lorsqu'ils vont jusqu'à nier qu'à une fraction infinitésimale de seconde après le Big Bang, il n'y a pas de temps. Les théories ou les équations dans lesquelles ils peuvent mettre le temps ne peuvent pas échapper au fait qu'ils ont nécessairement recours implicitement à la distinction avant-après. Elle est irréductible.

B. A. : Comme le disait saint Augustin : « Qu'est-ce donc que le temps ? Si personne ne m'interroge, je le sais ; si je veux répondre à cette demande, je l'ignore. » Mais l'une des questions qu'on peut se poser est la suivante : existe-t-il un temps ou des temps ? Si l'on croit à la possibilité de plusieurs univers, on peut parfaitement imaginer que le temps tel que nous le connaissons dans notre univers est d'une nature différente dans d'autres univers. Pour les croyants, le vrai maître des horloges, c'est celui qui précisément maîtrise l'ensemble de ces temps, s'ils sont multiples.

En quoi les instruments techniques de mesure du temps ont-ils influencé notre vision du temps ?

B. A. : Je pense que notre perception du temps est influencée par nos outils de mesure. Sur une montre à aiguilles, il y a deux types de trotteuses. Celle qui tourne en un mouvement continu et fluide, et celle qui marque les secondes en faisant « tic, tic, tic, tic ». La deuxième est de même nature que les horloges digitales, qui affichent les secondes et qui basculent de 12 h 30 min 25 s à 12 h 30 min 26 s, puis 27, etc. Dans un cas, on a une notion d'un temps qui serait fractionnable, et dans l'autre, une notion de temps continu. La notion de temps continu correspond davantage à notre réalité.

F. W. : Notre rapport au temps dépend en effet très largement de la manière dont notre culture et notre civilisation le mesurent. La plupart des grandes civilisations étaient des civilisations astronomiques, dans lesquelles l'observation des astres servait à la fois de repère temporel et évidemment de source de mythologie religieuse. Beaucoup de civilisations ont déduit de leurs observations que les événements étaient cycliques et se reproduisaient. Ce qui ne signifie pas du tout qu'elles aient pensé que le temps lui-même était cyclique. Pour concevoir un cycle d'événements qui se reproduisent, encore faut-il que le temps progresse de façon linéaire. Cela explique le retour des saisons, des phases de la Lune, de la position du Soleil ou des étoiles.

Les philosophes, depuis l'Antiquité, se sont aperçus qu'il y avait un paradoxe dans l'idée de mesure du temps. Pour mesurer une durée, il faut le faire par rapport à un mouvement qu'on postule régulier. Or, on ne peut savoir que ce mouvement est régulier qu'à condition de le mesurer au moyen d'une durée dont on postule qu'elle soit toujours la même. Le cercle est vicieux. Dans une clepsydre, par exemple, au fur et à mesure que le vase se vide, le mouvement s'accélère car le poids de l'eau change. Il a fallu d'extraordinaires efforts théoriques et technologiques pour résoudre ce paradoxe, qui a obsédé les gens jusqu'aux XIXe et XXe siècles. Et si nous n'avions pas résolu à la fois théoriquement, physiquement et techniquement ce paradoxe, nous ne pourrions pas utiliser un GPS avec nos téléphones.

Sommes-nous égaux face au temps ?

B. A. : Il y a deux ressources contraignantes et rares dans toute activité : le temps et l'argent. Or le temps est beaucoup plus égalitaire que l'argent. Si l'on prend le patrimoine immobilier et financier moyen des Français et qu'on le compare au patrimoine de l'homme le plus riche de France, le rapport est d'à peu près 1 à 1 million. Alors que si on prend Gavroche, qui meurt sur les barricades à 12 ans, et Jeanne Calment, qui meurt à un peu plus de 120 ans, ce n'est jamais qu'un facteur 10. Tant qu'on ne bascule pas dans le transhumanisme, on sait qu'il y a une limite maximale à la durée d'une vie humaine qui est fixée autour de 125-130 ans. Même en faisant très attention à son alimentation et en s'entourant des meilleurs médecins, un milliardaire vivra peut-être 120 ans, mais pas 250. Il y a des choses qu'on ne peut pas acheter avec de l'argent : le temps en fait partie. Cette dimension très égalitaire du temps nous offre une très grande liberté dans l'usage qu'on décide d'en faire. Mais cela nous donne aussi une très grande responsabilité dans son utilisation, car cette ressource est finie. Je pense que nous avons l'ardente obligation de bien utiliser notre temps. Le plus grand risque pour un être humain, c'est de se retrouver sur son lit de mort à 20, 60, 95 ans, et de se dire : « Je n'ai pas fait de tout ce temps l'usage que j'aurais aimé en faire. » C'est ce que j'appelle la *near life experience*.

F. W. : Il me semble qu'il y a quand même une différence entre ces deux types de rareté. En effet, la rareté du temps nous met tous d'une certaine manière à égalité : nous sommes tous limités, tous condamnés à la mortalité. Selon le mythe de la création originelle, c'est la condition humaine. Tandis que la rareté de l'argent me semble d'une autre nature : elle vient du fait que nous vivons dans un monde imparfait où il y a une rareté des ressources ; ce qui implique et l'idée du travail, auquel nous sommes condamnés d'après le grand mythe de la Genèse, et celle de la reproduction, à laquelle serait, d'après le propos biblique, condamnée la femme. Sans cette rareté, il n'y aurait pas besoin d'argent ou d'économie, alors que la rareté du temps existerait toujours parce qu'elle est d'une autre nature.

On dit souvent de nos jours que la technologie ou le développement technologique serait un facteur d'accélération, pour reprendre une expression employée par le sociologue et philosophe Hartmut Rosa. Comment se traduit cette accélération du temps vécu ?

B. A. : Depuis que nous avons des smartphones, la tentation est quasi permanente d'être dans le *multitasking*. Et je suis le premier à tomber dans ce travers ! Dans les réunions de conseil d'administration, entre ceux qui regardent leur téléphone et ceux qui travaillent sur l'ordinateur, le nombre de gens qui sont pleinement attentifs à la réunion, vraiment *présents*, est finalement assez faible. Depuis que j'ai quitté la direction générale d'AG2R La Mondiale, je redécouvre le très grand bonheur d'être dans le *monotasking*. Si mes journées sont aussi remplies, elles le sont de monotâches – et je suis beaucoup plus présent à chaque interaction que je peux avoir.

Pour autant, la technologie a simplifié beaucoup de choses. Avant, il fallait aller dans une agence bancaire pour demander un relevé de compte. Aujourd'hui, vous suivez l'état de votre compte de façon quasi instantanée sur les bonnes applications. Dans l'entreprise, l'instantanéité des échanges aide à gagner du temps. Pour organiser une réunion avec les contraintes d'agenda de chacun, il suffit aujourd'hui de faire appel à Doodle pour trouver le premier créneau commun disponible pour tout le monde. Cette simplification, incontestablement, a conduit à une forme d'accélération. Est-ce que cette accélération est toujours synonyme d'une augmentation du bonheur ? La réponse n'est pas évidente.

F. W. : Qu'est-ce qui accélère ? Ce n'est pas le temps lui-même. Pour qu'on puisse concevoir un cycle, il faut que le temps lui-même soit linéaire. De même, pour qu'on puisse concevoir que les choses, par exemple les événements, s'accélèrent, il faut que ce soit dans une même unité de temps. Donc, ce qui donne le sentiment d'accélération, c'est soit l'effet de l'histoire, soit l'idée de progrès technique. Les deux sont possibles. À certains grands tournants de l'histoire, des penseurs ont eu le sentiment d'une accélération de l'histoire. C'étaient parfois des penseurs de l'apocalypse qui pensaient que tout allait s'arrêter, puisqu'on venait de vivre une accélération.

Il y a, depuis la révolution industrielle du XIXe siècle, une accélération de la productivité dans les pays occidentaux. Selon Claude Lévi-Strauss, il y a deux sortes de sociétés : les sociétés froides et les sociétés chaudes, un peu comme il y a les horloges et les machines à vapeur. Les horloges, cela ne consomme presque rien pour tourner, mais cela ne produit pas grand-chose. Lévi-Strauss pensait aux Nambikwara, un peuple qu'il avait connu au Brésil. Leur société produit très peu, mais elle se reproduit telle quelle sans beaucoup de changements. Il n'y a pas chez eux de sentiment d'accélération. Le rapport au passé est tel qu'on cherche au maximum à reproduire ce que faisaient les ancêtres. Quant à l'avenir, le mieux est qu'il reste conforme au passé. La thèse est discutée aujourd'hui, mais il ajoutait que ces « sociétés horloges » ont besoin de peu d'énergie, c'est-à-dire de différenciations sociales. Elles produisent assez peu d'écarts de richesse entre les plus riches et les plus pauvres, entre les meilleurs chasseurs et les plus médiocres cueilleurs, par exemple. En Occident, il y a des sociétés machines à vapeur, où il faut une énorme différence de potentiel – notamment une énorme différence sociale entre les riches et les pauvres, entre les propriétaires du capital et les propriétaires du travail. C'est cet écart, pas simplement de richesse, mais ce qu'il appelait une « différence de potentiel », qui permet en effet de créer du nouveau et d'avoir un rapport à l'avenir complètement différent, dans lequel l'avenir devait être meilleur que le passé. Je pense que les sociétés occidentales, européennes, depuis la Renaissance, mais encore plus depuis la révolution industrielle, produisent de l'accélération et ont un rapport à l'avenir dans lequel il faut qu'il y ait progrès. Sinon, c'est la régression, la stagnation.

Certains annoncent la « fin du travail » avec les progrès de l'IA et de la robotisation. Est-ce une utopie ?

B. A. : L'intelligence artificielle soulève la question de l'allocation du gain de temps dégagé par son utilisation. Dans le secteur des assurances, on estime qu'elle va faire gagner de l'ordre de 20 % de productivité dans les quelques années qui viennent. Ces 20 % de gain, à quoi les utiliserons-nous ? Je pense qu'il y a trois allocations théoriques possibles, et la réponse sera probablement une combinaison de ces trois allocations.

La première, c'est de prendre cette augmentation de la productivité comme un gain net pour les entreprises, et donc les actionnaires. Un réflexe dans un monde capitaliste.

La deuxième, c'est de le redistribuer à 100 % aux salariés. Par exemple, en baissant le temps de travail de 20 % : ce serait le passage à la semaine de 28 heures, payées 35.

La troisième voie, c'est de n'allouer ce gain ni aux actionnaires ni aux salariés. Les actionnaires continuent à être rémunérés au même niveau, les salariés continuent à travailler autant. Mais on en profite pour améliorer la qualité du service fourni aux clients. Ce qui d'ailleurs peut être un élément différenciant par rapport à des concurrents qui feraient d'autres choix.

C'est valable dans l'assurance comme dans la plupart des secteurs : est-ce qu'on alloue ce gain de temps aux actionnaires, aux salariés ou aux clients ? C'est tout l'enjeu du dialogue social à venir.

Les partisans de la décroissance, eux, prônent une baisse de la productivité pour des motifs écologiques...

B. A. : Je ne m'inscris pas dans un schéma de décroissance. En revanche, la dimension écologique est une thématique insuffisamment abordée au sujet de l'intelligence artificielle.

F. W. : Je comprends très bien que vous ne soyez pas séduit par l'idée de la décroissance, et je ne suis pas non plus adepte de la technophobie, mais je ne suis pas convaincu que notre salut soit dans la technophilie, cette idée que c'est la technique, le progrès, qui va nous sauver. Et je peine à croire que cette attitude puisse redonner quelque espoir aux futures générations.

Les jeunes générations ont-elles cessé de croire en la notion de progrès ? Et si oui pourquoi ?

F. W. : Elles sont surtout préoccupées par la rareté des ressources qui me paraissent non monétisables : la rareté du bon air, la rareté de l'eau, par exemple, qui ne devraient pas cesser d'être des communs. On parle de causes écologiques, mais le problème est bien plus large : c'est la raréfaction des ressources disponibles qui est au fondement même de l'économie et du rapport que nous avons maintenant avec le futur.

B. A. : Sur la question de la technophobie, je suis assez d'accord avec ce que vous avez dit. On revient à la phrase : « Science sans conscience n'est que ruine de l'âme. » Le nucléaire civil et le nucléaire militaire, c'est la même technologie, mais ce n'est pas du tout le même usage ni le même progrès, ou pas, pour l'humanité.

Pour ce qui est des générations futures que vous évoquiez, il me semble que l'une des choses les plus choquantes dans le déséquilibre de nos finances publiques, c'est le fait qu'on emprunte pour financer un régime de retraite censé être par répartition. On fait peser sur les générations futures une charge énorme pour assurer le train de vie courant des retraités d'aujourd'hui : c'est une spoliation financière, à travers le recours à la dette. Dans un régime de retraite par répartition, ce sont les actifs actuels qui doivent financer les retraités actuels. Mais nous avons des enjeux démographiques, et cela pose la question de savoir si le régime par répartition est le bon modèle pour les années qui viennent.

Aujourd'hui, on parle de travail asynchrone, de travailler lorsque nous le voulons... Cette désintégration du temps de travail est-elle une avancée ?

F. W. : Ce qui me frappe depuis une quinzaine d'années, c'est l'évolution du salariat. Dans l'histoire de France et d'Europe, il y a eu une lutte constante pour que le salariat soit payé en fonction du temps de travail et non pas à la pièce, par exemple. Les luttes se sont concentrées sur la réduction du temps de travail. Ça a été les 40 heures, les 36 heures, les 32 heures. C'était le critère, en quelque sorte, du progrès social. Avec l'ubérisation de la vie économique, nous vivons une régression. Le nouveau prolétariat n'est plus salarié. Comme au XVIIIe siècle, le travailleur est libre... de travailler 18 heures par jour dans sa voiture ou sur son vélo. C'est un tournant inquiétant dans le rapport qu'il instaure au temps de travail. Ces nouveaux prolétaires, on les entend très peu, parce qu'ils ne sont pas représentés dans les syndicats. Mais aussi parce que leur rapport au temps et au travail n'est plus du tout au cœur des luttes sociales, comme cela a été le cas pendant plus d'un siècle.

B. A. : Oui, on peut se poser la question de savoir si le salariat n'aura pas été une parenthèse de l'histoire du travail. Je suis très frappé de voir qu'un certain nombre de jeunes préfèrent le CDD au CDI. Quand j'étais jeune, c'était la fête le jour où quelqu'un décrochait son CDI. Ce n'était pas simplement de la sécurité, mais surtout la clé vers l'emprunt immobilier. Aujourd'hui, on voit que l'attachement des jeunes générations à la liberté, l'aptitude à changer sont tels qu'ils préfèrent le CDD au CDI.

Le télétravail a fait éclater l'unité de lieu de l'entreprise, le travail asynchrone menace son unité de temps. Est-il encore possible de faire en sorte que les gens travaillent ensemble ?

B. A. : Je suis plutôt opposé au télétravail. Avant le confinement, beaucoup d'entreprises, dont AG2R La Mondiale, le pratiquaient. Pendant le confinement, nous avons été très heureux de pouvoir télétravailler parce que ça a permis à la société de fonctionner. Pour autant, de mon point de vue, c'est un peu comme la roue de secours dans une voiture. Pour toutes les tâches processées ou processables, oui, on peut faire les choses en télétravail. On peut même peut-être avoir dans certains cas des gains de productivité par absence de distraction avec le télétravail. En revanche, toutes les tâches qui relèvent de la créativité, de l'innovation, je pense que ça ne se fait pas en télétravail, on a besoin de ce que vous appelez le « temps collectif ». Dans une salle Teams ou Zoom, il manque l'interaction physique. Le télétravail permet de faire certaines choses de façon plus efficace, ponctuellement. Mais sur une moyenne ou longue période, on se prive de toute une capacité de productivité collective par la créativité, par l'innovation. Par ailleurs, le télétravail peut avoir un effet boomerang assez rapide : quand on a démontré à son employeur qu'effectivement il n'y a plus du tout besoin de venir au bureau, pourquoi payer quelqu'un au salaire français si on peut le payer en Pologne ou en Inde ?

Un point enfin sur la dimension du lien social. Lorsque nous étions confinés avec trois de mes enfants en télétravail, le jour où ils pouvaient aller au bureau, c'était un jour de fête. La punition, c'était le télétravail, la récompense, c'était d'être autorisé à venir physiquement au bureau. Je ne dis pas que cette position est majoritaire : je connais pas mal de gens dans l'entreprise qui se battent tous les jours pour essayer d'obtenir davantage de droits au télétravail. Reconnaissons *a minima* que les deux attitudes peuvent exister. Et au-delà de la créativité, du brainstorming, je pense qu'à peu près dans tous les métiers, on progresse par compagnonnage. Au contact de quelqu'un qui a plus d'expérience que soi, qui fait ce métier depuis dix, vingt ans, on s'améliore.

F. W. : J'ajouterai une réflexion sur l'idée de créativité collective. Je pense aux remarques d'Aristote sur la démocratie, qu'il appelait plutôt la république. Il dit que la démocratie, c'est le régime de la délibération collective. Ce n'est pas l'idée ordinaire que nous avons de la démocratie, que nous définissons par le vote. Lorsqu'on vote, on est tout seul dans le bureau de vote. Je ne suis pas pour le vote à main levée dans les réunions syndicales parce que cela conduit au stalinisme. Mais je crois aux vertus de la délibération collective.

C'est comme la réaction face à une œuvre d'art, selon Aristote. Il disait que lorsqu'on en discute, l'un voit tel détail, l'autre voit tel détail et seule la collectivité peut voir la beauté de l'ensemble. Il y a quelque chose de cet ordre aussi bien dans la démocratie que dans toutes sortes de lieux qui se prête à la délibération collective, comme l'entreprise. C'est un des thèmes qui m'est cher : ce qui est le propre de l'humanité, ce n'est pas tellement de savoir raisonner, ou de raisonner aussi bien qu'un ordinateur – parce que les ordinateurs désormais raisonnent mieux que nous –, ce n'est pas simplement de savoir parler, c'est de savoir délibérer en commun, c'est-à-dire de raisonner les uns avec les autres, comme nous le faisons ici. Il y a un parallèle à tracer entre le bon fonctionnement d'une entreprise et le bon fonctionnement d'une république.

« Le terme de transition rassure
en supposant que c'est une évolution
naturelle. Mais la réalité est que seule
la coercition réglementaire
a fait bouger les lignes »

Chantal Jouanno

« Il y a désormais une convergence
entre les impératifs de sécurité
et de soutenabilité. Il faut faire
d'une pierre deux coups :
limiter la puissance de la Russie
tout en décarbonant »

Pierre Charbonnier

***Chantal Jouanno** a été ministre, sénatrice et présidente de l'Ademe. Ex-sportive de haut niveau, elle a aussi dirigé la Commission nationale du débat public. Elle est aujourd'hui directrice exécutive chez Accenture, siège à l'Académie des technologies et enseigne en master à Sciences-Po.*

***Pierre Charbonnier** est chercheur au CNRS et enseigne à Sciences-Po. Il est l'auteur d'*Abondance et Liberté. Une histoire environnementale des idées politiques *(La Découverte, 2020) et vient de publier* Vers une écologie de guerre, *également à La Découverte.*

Innovation, écologie et démocratie : qui passera en premier ?

Chantal Jouanno
et Pierre Charbonnier

Écologie et démocratie sont-elles compatibles ? C'est la question qu'on est tenté de se poser en constatant à quel point l'installation d'infrastructures comme l'éolien ou le nucléaire fait débat, et comment certaines mesures visant à réduire l'impact carbone du pays provoquent l'ire des citoyens. Pour surmonter ces écueils, il est urgent de se demander qui seront les perdants de la transition écologique, soulignent Pierre Charbonnier, philosophe et auteur d'ouvrages remarqués sur l'histoire environnementale des idées, et Chantal Jouanno, spécialiste de la transition écologique chez Accenture. Pour le premier, nous entrons dans l'ère de « l'écologie de guerre », autrement dit nous devons prendre en compte les tensions géopolitiques autour de l'énergie pour proposer des solutions réalistes en matière d'environnement. La seconde insiste sur la capacité de la démocratie à relever ces défis, aussi immenses soient-ils. Un échange lucide et résolument tourné vers l'avenir.

Sommes-nous aujourd'hui à la hauteur en matière d'écologie ?

Pierre Charbonnier : Il y a un écart entre le consensus dans la définition des objectifs et le caractère désastreux des politiques publiques actuelles, que ce soit à l'échelle nationale ou européenne. La décarbonation est devenue une question de consommation, mais aussi de sécurité – ce que j'ai appelé « l'écologie de guerre » dans mon dernier livre. Et tout le monde est d'accord sur la ligne générale. Mais les effets en cascade de ce changement de paradigme énergétique sont violents. Il y a des plans sociaux, l'augmentation des factures énergétiques, le secteur industriel qui est pénalisé. S'ensuivent une perte de confiance et une instabilité réglementaire qui finissent par ralentir le projet de transformation structurelle. Les installations de pompes à chaleur baissent, tandis que les installations de chauffage au gaz remontent, ce qui est contraire au sens de l'histoire.

Il y a un consensus sur la finalité, mais un dissensus très fort sur les moyens, les acteurs, les payeurs, le calendrier. La définition des finalités, même si elle est là, n'a pas fait l'objet de propagande politique. Elle n'a pas été construite comme un objectif social partagé, comme cela a pu être le cas pour la modernisation agricole dans les années cinquante-soixante ou la démocratisation de l'instruction primaire. Des études montrent que les gens ont du mal à se représenter dans quel monde ils vont vivre dans quinze-trente ans. On est dans le dur !

Chantal Jouanno : Nous ne sommes pas à la hauteur en termes de résultats. À l'échelle des différents continents, l'Europe est sur la bonne voie. C'est le seul continent qui baisse autant ses émissions de gaz à effet de serre, en tout cas sur la période 1990-2021. Pour autant, si nous nous accordons sur les objectifs, la manière de les atteindre divise. Lorsqu'en 2008 on vote la loi Grenelle sur les grandes ambitions environnementales, celle-ci est votée à l'unanimité. Par contre, la loi sur les moyens pour atteindre ces objectifs, la feuille de route, a profondément divisé. Les grandes ambitions sont prudentes en action. J'ai toujours pensé que la science ferait bouger les lignes. En relisant le premier rapport du GIEC, on se rend compte que nous sommes exactement sur leurs projections. J'ai pensé que l'argument de la sécurité serait majeur. Le Conseil de sécurité des Nations unies s'est saisi du sujet dès 2007. Mais cela n'a rien changé.

Cette inaction s'explique-t-elle par la crainte des retombées sociales d'une politique de transition écologique ?

P. C. : Il y a des secteurs économiques qui seront perdants dans cette transition, comme l'automobile et l'agriculture, qui ont toujours accès à l'État bien qu'ils soient technologiquement et écologiquement obsolètes. Cela explique la dimension conflictuelle de la transition. Que fait-on avec les perdants de la transition ? On leur offre une voie de sortie ou bien on les punit, en plus de les fermer, comme le suggèrent des activistes ? On leur redonne des missions ? L'extraction des énergies fossiles pourrait se transformer en extraction de ressources de transition ; ils finiront par le faire d'eux-mêmes, de toute manière. En France, on connaît les conséquences à long terme des fermetures du textile ou des mines. L'accélération artificielle d'un déclin est peu compatible avec les recettes de politique économique qui prédominent aujourd'hui.

C. J. : La question économique est centrale, mais il y a surtout la question sociale. Le bonus-malus sur les voitures a bien fonctionné dans l'automobile. On a étudié la possibilité d'étendre ce dispositif à d'autres secteurs. Mais, appliqué par exemple à l'électroménager, il devenait injuste. Il conduisait à donner une prime aux personnes qui avaient déjà les moyens de se payer un appareil plus performant. Cette injustice sociale est au cœur de la critique de l'interdiction des véhicules les plus polluants ou des taxes sur le diesel. Pourquoi ? Parce que nous n'avons offert aucune alternative aux personnes impactées qui étaient déjà défavorisées.

Dans la conclusion du discours sur le Grenelle de l'environnement, j'ai proposé l'idée d'un droit à l'alternative, de l'obligation pour l'État de ne laisser personne dans l'impasse, parce que la transition écologique ne doit pas aboutir à plus d'injustice. Mais l'État ne sait pas mettre en œuvre ces réglementations qui exigent de prendre en compte chaque cas individuel, une réglementation en dentelle. Ce droit est resté lettre morte.

P. C. : C'est fondamental. L'objectif de transition a été endossé par l'État après 2022. Du côté des ménages, on s'est dit : si c'est l'État qui le demande, alors c'est à l'État d'organiser. Une grande partie des sphères militantes sur le climat ont supposé que, les riches émettant plus que les pauvres, il suffisait de prendre aux riches et de donner aux pauvres pour résoudre le problème. Des études plus fines montrent qu'il faut prendre en compte non seulement les émissions, mais aussi la dépendance aux émissions.

Qui seront les perdants de la transition écologique ?

P. C. : Un ménage de petite classe moyenne émet moins que les riches, mais la proportion de leurs revenus allouée à l'énergie ou au carburant est très élevée. Ce sont les gilets jaunes. En restant à un modèle de taxation standard, la charge repose sur leurs épaules. Acheter une voiture récente ou électrique est hors de prix, comme installer une pompe à chaleur ; ils ne peuvent pas assumer le coût d'entrée dans le mode de vie bas carbone. Et ils n'ont pas envie de renoncer à des dimensions symboliques, comme la consommation de viande. Il est facile de sortir de la dépendance ceux qui prennent des jets privés toutes les demi-heures. Il suffit d'interdire ou de faire des quotas. Mais du côté des ménages modestes, la solution ne peut pas être seulement réglementaire : il faut des dispositifs fiscaux, une prise en charge par l'État.

De nombreuses études aujourd'hui montrent un alignement entre la dimension économique et sociale de la transition et les polarisations idéologiques. Aux USA, l'électorat Trump, c'est celui de l'érosion de l'ordre fossile, les très riches qui ont investi de l'argent dans les mines de charbon et la petite classe moyenne blanche menacée par les fermetures et la concurrence. Et au milieu, la classe moyenne supérieure, diplômée et urbaine, qui est plus favorable aux changements de société, notamment en matière d'écologie, mais moins par vertu que parce qu'elle peut se le permettre.

C. J. : La réalité est que la transition se produira de toute façon et elle sera injuste. Le discours de l'écologie a pris aujourd'hui les mots de la guerre. Nous ne sommes plus dans la logique du désirable, mais dans celle de la coercition. Chez Accenture, nous avons réalisé une étude pour comprendre le manque de soutien envers les mesures écologiques au-delà d'un noyau hyperconvaincu. La conclusion propose de changer le discours messianique sur l'injonction à être *sustainable* en rendant la *sustainability* plus humaine.

Il s'agit de faire rentrer la problématique de la *sustainability* dans les dimensions de la famille, de la santé, du collectif, dans ce qui fait sens pour chaque individu.

P. C. : Même si le consensus scientifique avait été admis plus tôt, cela n'aurait pas changé le fait que les infrastructures fossiles sont là, installées, avec des investissements sur le long terme. Aujourd'hui, nous devons fermer ces infrastructures et en redéployer d'autres. Peut-être que cela générera de l'emploi ou de la croissance, même si la croissance n'est plus vraiment un sujet aujourd'hui. Le problème, c'est que cette substitution redistribue les cartes sociales de manière profonde. Des études montrent que les bénéficiaires de cette transition habitent les grandes métropoles, ce sont les diplômés, les ingénieurs et les décideurs. Tandis que les périphéries, déjà touchées par la désindustrialisation, subissent une double peine, car elles écopent des dégâts environnementaux, comme les inondations ou les feux de forêt. Dans beaucoup de domaines, la transformation sera plus profonde qu'après la Seconde Guerre mondiale. Et on ne pourra pas s'appuyer sur les gains de productivité, comme à l'époque. Si l'on veut une agriculture plus soutenable, il faut probablement accepter des baisses de rendement.

Selon l'historien Jean-Baptiste Fressoz, on se leurre en parlant de « transition énergétique », autrement dit en s'imaginant pouvoir remplacer une énergie par une autre…

P. C. : Ce n'est pas le sens de la transition. Les historiens savent depuis longtemps que les énergies ne se succèdent pas les unes aux autres. « Transition » pour moi veut dire changement de structure productive, d'emploi, et changement de la nature des intérêts sectoriels qui parviennent à accéder à l'État. Dans les années cinquante, c'étaient Renault et l'idée que l'automobile allait tout changer. Aujourd'hui, ce doit être d'autres entreprises et intérêts sociaux.

C. J. : Le terme de transition est récent en politique, il rassure en supposant que c'est une évolution naturelle. Mais la réalité est que seule la coercition réglementaire a fait bouger les lignes. C'est elle qui explique l'avance de l'Europe.

Il y a aussi tout un débat autour de l'acceptabilité de certaines technologies, que ce soit l'éolien ou le nucléaire…

C. J. : À la Commission nationale du débat public, nous avons organisé des centaines de débats publics et concertations sur les grands projets ayant un impact sur l'environnement, par exemple les parcs solaires, nucléaires, etc. Plusieurs conclusions récurrentes : les projets qui échouent sont ceux qui ne prennent pas en compte la dimension territoriale ; l'appropriation de l'espace au détriment du patrimoine historique ou culturel local est vécue comme une injonction parisienne ; l'écologie est un argument majeur de la contestation. Mais il faut comprendre que l'argument écologique peut justifier le soutien comme l'opposition à un projet. Un parc éolien est bon pour le climat mais mauvais pour la biodiversité. Et je n'aime pas ce terme d'acceptabilité qui suppose que l'on souhaite faire passer de force un projet. Débattre de ces projets est une obligation démocratique, une obligation fondamentale face à l'immensité des choix que nous devons faire. Ce qui exacerbe la critique n'est pas le débat public mais l'absence de prise en compte de ses conclusions par les décideurs.

P. C. : Ce débat va durer. J'écris actuellement un livre sur cette question de la divergence entre les questions climatique et environnementale. Très souvent, c'est convergent. Mais les énergies renouvelables, par exemple, occupent plus d'espace que les énergies fossiles. On entre dans des conflits d'usage des sols entre l'alimentation, l'énergie, le patrimoine, la biodiversité, etc. Il arrive que l'on trouve un point d'équilibre optimal : l'agrivoltaïsme sous ombrière, par exemple. Pour l'éolien en mer, lorsque les projets sont bien conçus, il n'y a pas d'impact négatif sérieux sur la biodiversité marine ou aviaire. Les réactions négatives sont généralement d'ordre esthétique.

Mais il y a un autre point important : il y a quelque temps, François Ruffin se félicitait d'accueillir des éoliennes dans les Hauts-de-France tout en regrettant que cela n'amène pas d'emplois. Or il faut qu'il y ait des aspects bénéfiques pour les gens qui ont les éoliennes devant leurs fenêtres. Dans les villes, c'est facile d'être pour ! On pourrait imaginer une remise sur la facture d'électricité de ceux qui ont une éolienne près de chez eux. Je trouverais cela logique.

Dans *Abondance et Liberté*, Pierre Charbonnier, vous expliquez le lien historique entre l'abondance de l'époque moderne et les valeurs fondamentales démocratiques, comme la liberté. Qu'avons-nous potentiellement à perdre dans la transition écologique ?

P. C. : L'abondance, c'est le fait qu'on démultiplie la quantité de ressources et d'énergie mobilisées par nos infrastructures tout en la rendant quasiment imperceptible ou invisible. On pousse un bouton : l'ampoule s'allume, l'eau coule… L'abondance, c'est cette forme d'évidence. Aujourd'hui, les écologistes estiment que l'abondance est mauvaise, que l'on surconsomme, etc. Ce n'est pas ma ligne. Nous sommes une société moderne et technique, on ne va pas revenir en arrière. La poussée du Sud global va d'ailleurs dans ce sens. En revanche, il faut prendre conscience du coût de ce mode de vie. La question se pose pour chacun en tant que citoyen (*via* nos choix politiques), travailleur (avec un métier plus ou moins bénéfique pour la planète) et consommateur (destinations de vacances, alimentation bio ou non, etc.). N'importe qui peut se retrouver dans d'importantes contradictions sur ces trois plans. Par exemple, on prend le bus et on trie ses déchets, mais on part en vacances en Guadeloupe. J'en suis un bon exemple : je vis dans un appartement bien isolé et je prends le métro, mais dans le même temps je prends l'avion pour aller voir mes collègues à New York ou Chicago... D'après les travaux de mes collègues sociologues, il y a quatre profils : les écolos cohérents qui ont de petites empreintes carbone, les écolos incohérents qui ont de grosses empreintes, les antiécolos qui ont de grosses empreintes – eux, ils sont cohérents, mais dans le mauvais sens –, et enfin ceux qui sont sobres mais par nécessité. Les dispositifs réglementaires doivent s'articuler de manière différenciée pour ces différents groupes. C'est de la dentelle politique.

C. J. : Lorsque les grandes transitions sont imposées par une logique de marché qui est invisible, sans responsable identifié, ou lorsqu'elles résultent des conséquences mêmes des changements climatiques, elles sont acceptées. Au contraire, dès qu'elles sont imposées par des règles et des politiques, c'est plus difficile. C'est un sujet qui n'a pas trouvé sa légitimité politique. Nous avons besoin d'une nouvelle vision politique, capable de répondre la dentelle des situations individuelles. C'est ce qui a manqué dans les politiques publiques. Mais le politique fait dans le slogan. L'État français se fonde sur le droit romain, des lois générales. Nous ne savons pas faire dans la dentelle ! C'est une impasse intellectuelle. Par exemple, le nouveau mot-valise de la politique énergétique est la « sobriété ». Il faudrait d'ici 2050 réduire de 40 % notre consommation énergétique. Savons-nous concilier sobriété énergétique et croissance économique ? Historiquement, je n'ai aucun exemple positif. Comment l'adresser industrie par industrie, catégorie sociale par catégorie sociale ? Comment éviter que la sobriété ne soit pas synonyme de pauvreté aggravée ?

P. C. : Le parallèle historique est important. Le processus de modernisation industrielle après la Seconde Guerre mondiale a fait beaucoup de dégâts, principalement supportés par la classe ouvrière. Mais on l'acceptait au nom d'un avenir meilleur. Le sociologue Robert Castel explique que l'idée que nos enfants vivraient mieux que nous était l'un des principaux moteurs de la mobilisation de la classe ouvrière. C'était une logique de guerre : mourir pour quelque chose de plus grand. Aujourd'hui, cela nous paraît fou. Les politiques peuvent difficilement dire : « Supportons des risques au nom de quelque chose de plus grand. » On l'a vu avec la guerre en Ukraine. Pourtant, il s'agit d'un mécanisme politique important qu'il faut réactiver. C'est la thèse que je défends dans mon livre sur l'écologie de guerre.

Qu'entendez-vous par « écologie de guerre » ?

P. C. : Il y a eu une longue période historique (1945-2022) pendant laquelle on a défendu la démultiplication des moyens énergétiques pour garantir la sécurité des États. On a cherché à soulager les tensions géopolitiques en créant de grandes structures interétatiques d'interdépendance énergétique. Nord Stream, le gazoduc entre la Russie et l'Europe, est le symbole de ce doux commerce énergétique. Aujourd'hui, on ne peut plus parier dessus. Poutine nous a montré qu'il s'agissait d'une erreur. Comment recréer des infrastructures de sécurité soutenables ? La liberté et la sécurité n'existent qu'à la condition d'avoir des infrastructures pérennes ! Ce ne sont pas que des idées. On n'est pas libre sans métro, sans eau, sans électricité. On n'est pas en sécurité quand notre système de production énergétique dépend de puissances hostiles. Il y a désormais une convergence entre les impératifs de sécurité et de soutenabilité. La question climatique est redéfinie par un impératif apparemment exogène : protéger le front oriental de l'UE. Il faut essayer de faire d'une pierre deux coups : limiter la puissance de la Russie tout en décarbonant.

Faut-il pour autant avoir un discours martial sur l'écologie ?

P. C. : Je pense que dans notre contexte, qui est un temps de guerre, il faut aboutir le plus vite possible à un consensus technologique sur la transition. De la substitution, de l'efficacité, de la sobriété, sans conflit entre ces trois dimensions. Tant que l'on est embourbé dans des débats sur les bénéfices réels de l'éolien ou du solaire, sur ce qu'on doit faire de nos espaces agricoles ou maritimes, on n'aborde pas le terrain de la justice sociale.

Cela implique de sortir du débat entre technosolutionnistes et décroissantistes ?

P. C. : Oui, c'est un mauvais débat. On ne fait pas un réseau électrique renouvelable ni de l'agriculture de précision en *low-tech*, cela ne marche pas ! Et de l'autre côté, le modèle Musk ne marche pas non plus : cela se termine avec des idéologies réactionnaires. Il faut trouver une position d'équilibre. Toutes les technologies nécessaires à la transition ne relèvent pas de l'innovation… Un vélo, c'est *low-tech* ! En revanche, une infrastructure haut de gamme nécessite de la haute technologie. Je suis pressé que nous parvenions à ce consensus pour enfin avoir un débat social sur la transition. Nous, c'est notre modèle d'atterrissage, mais en Inde ou au Brésil, c'est leur modèle de développement. Et ils ne peuvent pas attendre cinquante ans.

En quoi la technologie est-elle essentielle pour faire avancer la cause écologique ?

C. J. : Lorsque je la présidais, l'Ademe préconisait 50 % de technologie et 50 % de sociétal. C'est un peu basique, mais efficace. On ne peut pas faire sans les technologies ! Mais deux points : pour être efficaces, les technologies supposent toujours des évolutions de comportement. On connaît l'effet rebond dans la rénovation des bâtiments. Second point : tout choix technologique porte un choix politique, donc il faut introduire sous une forme ou une autre un temps de débat démocratique. En conclusion, il n'y a pas de technologie bonne ou mauvaise par essence, tout dépend de ce que l'on en fait, de l'intention que l'on y met.

P. C. : Il existe quand même des technologies intrinsèquement mauvaises ! La bombe atomique, par exemple…

L'IA est-elle une chance ou une menace pour l'écologie ?

C. J. : Nous aimons beaucoup nous faire peur avec les technologies. L'IA est géniale en ce qu'elle peut améliorer la capacité à prendre des décisions. Pourquoi ? Parce que l'on a un maximum de données pour prendre des décisions. Prenons une entreprise qui voudrait que ses produits soient 100 % végétaux, avec de la matière première végétale, y compris dans les packagings, et qu'ils contribuent à son objectif de décarbonation. En faisant de l'analyse technique avec des tableaux Excel, il faudrait dix ans pour le faire. Avec l'IA, c'est trois mois. L'IA peut être un superaccélérateur. C'est l'intention que l'on met dedans qui compte. Bien sûr, tout n'est pas rose…

P. C. : Cela consomme quand même beaucoup d'énergie…

C. J. : Et beaucoup d'eau, vous avez raison. Autre exemple où l'IA peut être efficace : le droit à l'information. C'est la première source de controverse, par exemple sur les risques nucléaires ou les OGM. L'IA peut nous aider à rassembler une information pluraliste et contradictoire. Elle peut nous aider à détecter des contextes de désinformation et de *deepfake*. Nous ne sommes qu'aux prémices de ces usages positifs pour la société car nous n'investissons pas assez dans ce domaine.

P. C. : Exactement. Non seulement ce n'est pas l'usage majoritaire, mais ce n'est pas l'imaginaire social associé à l'IA. Celui de l'IA, c'est un imaginaire de superaccélération, de déconnexion avec les contraintes physiques et écologiques. Pour Musk, Tesla, X, Space X, c'est utiliser des ressources fossiles pour faire décoller une industrie de l'information et de l'électricité qui est l'avenir. La plupart des écologistes disent que c'est la guerre entre l'imaginaire futuriste de l'IA et celui de la soutenabilité. Cela me paraît un peu caricatural aussi. De mon côté, j'utilise l'IA dans mes recherches… comme un assistant. D'ailleurs, les premières applications du big data sont venues des sciences du climat. Cela permettait de faire tourner des énormes algorithmes avec des quantités de données monumentales.

Le développement technologique peut-il faire l'objet d'un véritable débat démocratique ?

C. J. : La convention d'Aarhus est un texte négocié en 1998 qui établit les critères démocratiques nécessaires au lancement de projets environnementaux. Il ne suffit pas de se réunir de temps en temps pour élire ses représentants : il faut que les citoyens puissent s'exprimer sur l'opportunité de tel ou tel projet le plus en amont possible. Il faut qu'ils puissent contribuer à éclairer les décisions. Ce n'est pas dans la culture des ingénieurs et des politiques. Prenons le nucléaire : en France, ces projets sont portés par des écoles d'ingénieurs très puissantes, nées d'un système de formation qui sépare les sciences dures et les autres. Or on commence seulement à expliquer aux ingénieurs des Ponts comme des Mines que leurs grands projets ne doivent pas être hors-sol, qu'ils doivent prendre en compte les territoires, les publics impactés. Nous devons avoir plus d'ambition démocratique.

P. C. : C'est très français. Il m'est arrivé de discuter de ces questions avec des collègues américains impliqués dans les plans de Biden comme l'IRA. Ils me disaient que j'avais de la chance avec les grands corps d'État et l'État planificateur qui, à leurs yeux, détiennent un véritable pouvoir en France… Je leur disais tout le temps que ce n'était pas forcément vrai. Aujourd'hui, les grands rapports sur la transition viennent d'entreprises de conseil comme Capgemini ou McKinsey. Le secteur privé se positionne comme une source d'expertise, notamment Veolia ou Total. Il y a aussi des agences publiques : l'Ademe est un organisme incroyablement utile et vertueux mais souvent victime d'arbitrages budgétaires, parce que c'est un contre-pouvoir. Il y a eu aussi un haut-commissariat au Plan. On multiplie les institutions parfois redondantes. J'imagine qu'il est difficile à l'Élysée ou à Matignon de savoir quel référentiel d'action choisir.

Y a-t-il une incompatibilité entre notre approche de la démocratie participative contemporaine et un développement efficace des infrastructures ?

C. J. : Chez Accenture, nous ne nous positionnons pas sur la stratégie de l'État. Ce sont la feuille de route, la réussite grâce aux entreprises qui m'intéressent. On a trop considéré que l'environnement était un sujet apolitique, consensuel. Or, il y a des décisions difficiles à prendre, des choix à trancher. Mon enseignement sur les grands projets est qu'ils ne meurent pas du débat public, mais de l'absence de décision. Aujourd'hui, les bonnes feuilles de route s'orientent vers des logiques de partenariat, de travail collectif. En France comme ailleurs, les projets d'infrastructures obligent à un travail entre les pouvoirs publics et les grandes entreprises, mais aussi entre les grandes et petites entreprises. La notion de partenariat, qui s'était perdue, redevient indispensable. Localement, l'État est de plus en plus faible. Mais il y a aussi une strate extrêmement faible d'entreprises intermédiaires. Or, on a besoin de cette strate d'entreprises moyennes. L'ensemble de la structure doit retrouver ses marques. Nous avons eu trop de gouvernements qui ont souhaité centraliser.

Sera-t-on obligé d'en passer par une sorte de « dictature verte » pour accélérer la transition ? Certains soulignent la vitesse à laquelle la Chine construit des centrales nucléaires…

C. J. : Surtout pas ! Lorsque vous regardez les chiffres, c'est dans les pays démocratiques que tout va plus vite. Nous sommes le contre-exemple de cette affirmation. Dépolitiser un sujet comme l'environnement, c'est dangereux. Dans mon livre *2037, le choix des possibles*, je me suis posé cette question : avec toutes les technologies disponibles actuelles, si on imaginait une société idéale en 2037 qui soit 100 % écologique ou soutenable, que serait-elle ? Or je me suis arrêtée car je me suis rendu compte que je décrivais un système hyperautoritaire. Je n'ai pas trouvé la solution. Mais je reste convaincue de la supériorité de la démocratie.

P. C. : C'est une question compliquée. On dissocie de manière artificielle la démocratie et l'autorité. La démocratie, c'est l'exercice juste de l'autorité, pas la renonciation à l'autorité. La France a su planifier par le passé. Il fallait poser des rails pour avoir du charbon, pour avoir des usines, pour que les gens aient du boulot. Ensuite, on a créé des écoles et des grands corps pour diriger le tout. Aujourd'hui, on dit que la transition risque d'être autoritaire. Le problème, c'est qu'on pense que prendre des décisions résolues, c'est autoritaire. Mais cela ne l'est pas ! C'est le fondement même de la démocratie. L'autoritarisme chinois, c'est la surveillance numérique dans la rue, le crédit social, l'emprisonnement arbitraire, le parti unique. Cela n'a rien à voir avec le fait de déterminer volontairement son destin et son organisation interne. Il y a des organisations politiques très autoritaires et d'autres moins. Les plus démocratiques, comme en Europe, ont des retards et des problèmes. Mais ce n'est pas parce qu'elles sont trop démocratiques, c'est parce que les formes de démocratie qui y ont pris racine sont tributaires de secteurs industriels obsolètes et polluants, dont les intérêts pénètrent jusqu'au cœur de l'État. Difficile de les en déloger ! Mais si l'UE prenait des décisions structurantes sur l'énergie, sur l'emploi, sur la réorganisation régionale ou le financement de certains secteurs critiques, ce ne serait pas antidémocratique : ce serait politique.

L'autrice

Anne-Sophie MOREAU est rédactrice en chef de philomag.com et dirige la rédaction de *Philonomist*, le média de *Philosophie magazine* sur le monde du travail et de l'économie. Elle vient de publier *Fermentations. Kéfir, compost et bactéries : pourquoi le moisi nous fascine* (Seuil).

Remerciements

Philonomist remercie chaleureusement l'ensemble des contributrices et contributeurs pour leur intérêt, leur disponibilité et leur participation à cette réflexion collective.

Un merci plus particulier à Olivier Girard, président d'Accenture France, et à ses équipes pour leurs conseils dans l'élaboration de cet ouvrage.

Merci enfin à Alexandre Jadin pour le soutien à la réalisation et à la rédaction de ces entretiens et à Anne Borromée pour son accompagnement sans faille.

Imprimé en France par CPI Firmin-Didot
en avril 2025
N° d'impression : 183624
Dépôt légal : mai 2025